AF232439

RAPPORTS

DE L'ACADÉMIE DES INSCRIPTIONS

ET BELLES-LETTRES

ET DE L'ACADÉMIE DES SCIENCES,

ET

OPINIONS

DE LA CHAMBRE DES DÉPUTÉS,

SUR L'EXPLORATION

DE L'ASIE MINEURE,

FAITE PAR M. TEXIER,

PAR ORDRE DU MINISTRE DE L'INSTRUCTION PUBLIQUE.

PARIS,

TYPOGRAPHIE DE FIRMIN DIDOT FRÈRES,

IMPRIMEURS DE L'INSTITUT, RUE JACOB, 56.

1837.

NOTICE

SUR L'EXPLORATION

DE L'ASIE MINEURE,

FAITE PAR ORDRE DE M. LE MINISTRE DE L'INSTRUCTION PUBLIQUE,

PENDANT LES ANNÉES 1833 A 1837.

Depuis longtemps l'Europe savante avait les yeux ouverts sur l'Orient, et désirait connaître plus complétement ces contrées, berceau de la civilisation, et aujourd'hui presque abandonnées. L'immortel ouvrage d'Égypte avait ouvert glorieusement la carrière; l'expédition de Morée avait donné la facilité d'envoyer en Grèce une colonie de savants qui ont publié les monuments et la géographie de cette contrée.

M. de Laborde a fait connaître la presqu'île arabique, et prépare une importante publication sur la Syrie, la Palestine, la vallée du Méandre et la Cilicie. L'intérieur de l'Asie Mineure, autrefois si riche et si peuplée, restait encore à connaître. Bien des voyageurs avaient tenté de le visiter; mais des difficultés sans cesse renaissantes s'étaient opposées à ce que ce continent fût complétement exploré.

On n'avait rien sur la topographie des villes anciennes, et la géologie offrait des études toutes nouvelles à faire.

Le sultan Mahmoud ayant adopté depuis plusieurs années une politique plus en harmonie avec celle de l'Europe, on avait lieu d'espérer que les voyageurs trouveraient près de lui sûreté et protection.

Dans le courant de l'année 1833, M. Guizot, ministre de l'instruction publique, après avoir consulté les Académies des belles-lettres, des sciences et des beaux-arts, décida qu'un archéologue serait chargé de visiter ce pays et d'en rapporter les documents qui pourraient être utiles aux sciences et à l'histoire. C'est à M. Charles Texier que fut confiée cette honorable et importante mission.

M. Texier, correspondant de l'Institut, s'était déjà fait connaître par d'utiles recherches sur les antiquités de la France et de l'Italie, et quelques-uns de ses mémoires sur la géologie avaient obtenu l'approbation de l'Académie des sciences. Aussi M. le ministre de l'instruction publique eut en lui assez de confiance pour le charger seul d'une mission qui aurait pu exiger le concours de plusieurs savants.

Après avoir séjourné quatre ans en Orient, et quoique sa tâche ne soit pas achevée, M. Texier a été rappelé pour mettre sous les yeux du gouvernement le résultat de ses travaux.

Les prévisions de M. le ministre de l'instruction publique avaient été justes; le voyageur français reçut du sultan et des ministres de la Porte l'accueil le plus bienveillant. Toutes les facilités lui furent données pour que ses recherches n'éprouvassent aucune entrave.

Il profita de ces bonnes dispositions pour étudier en détail la topographie ancienne et moderne de Constantinople; les monuments publics lui furent ouverts, et il put observer et dessiner librement les mosquées impériales, dont l'accès était jadis interdit aux Européens. Les amis qu'il s'acquit dans le corps des oulémas lui facilitèrent l'entrée des bibliothèques, et il obtint du grand muphti la permission de faire copier les manuscrits qui manquaient ou qui pouvaient être utiles aux bibliothèques de Paris.

Le résultat de son séjour à Constantinople fut un recueil des dessins des mosquées impériales, et principalement de la magnifique et célèbre église de Sainte-Sophie, consacrée aujourd'hui au culte musulman. Il a joint à ces travaux des recherches sur les monuments religieux de Constantinople et sur les églises grecques, seuls vestiges qui restent de la splendeur de l'ancienne Byzance.

Après huit mois de séjour à Constantinople, il partit pour visiter l'intérieur de l'Asie Mineure. Les limites du chapitre du budget consacré aux encouragements, aux siences et aux lettres, ne permirent pas à M. le ministre de l'instruction publique de mettre à la disposition de M. Texier une somme proportionnelle aux dépenses qu'exigeait un pareil voyage; mais sans s'arrêter à cette difficulté, il n'hésita pas à consacrer une partie de sa fortune particulière à ces importants travaux.

Dans son premier voyage, il parcourut l'intérieur de l'Asie Mineure, visita les principales villes, en dessina les monuments, et fit plusieurs découvertes d'une grande importance.

Son premier rapport, daté d'Angora, a été adressé à M. le ministre de l'instruction publique en 1834; l'extrait suivant donnera la direction de son itinéraire de Nicomédie à Angora.

Extrait du Rapport adressé au ministre de l'instruction publique.

Voyage dans le Levant, fait par ordre de M. le ministre de l'instruction publique, par M. Texier.

Angora, le 16 juillet 1834.

Monsieur le ministre,

Ayant accompli une partie de mon voyage dans le nord de l'Anatolie, j'ai l'honneur de vous adresser un rapport sur les principales villes que j'ai parcourues, et sur les travaux que j'y ai faits. Parti de Constantinople le 16 mai, je me suis rendu par mer à Nicomédie, laissant la presqu'île des Thyniens, dont j'avais déjà visité une partie, et que son voisinage de la capitale me permet d'explorer dans les beaux jours d'hiver.

De Nicomédie, je me suis rendu à Sabandja, l'ancienne Sophon. On y trouve si peu de traces d'antiquité, que l'on pourrait douter si l'on est sur l'emplacement de la ville antique.

De ce lieu j'ai gagné la vallée de Sangarius, que j'ai remontée pendant plusieurs lieues, en rencontrant çà et là des monuments de peu d'intérêt. C'est seulement à Nicée que j'ai trouvé une ville qui méritait toute mon attention.

Les murailles de Nicée sont entièrement conservées; les portes, dont deux construites en blocs de marbre, sont l'ouvrage de l'empereur Hadrien; tout le système de défense de la ville, qui est très-remarquable, est d'une conservation parfaite.

Les deux portes principales sont construites en forme d'arc de triomphe; elles ont de chaque côté deux rangs de niches; les détails sont d'un bon style, et sentent le ciseau grec. Les moulures sont sans ornement. Dans l'une et l'autre frise, sont placées des inscriptions grecques, devenues presque indéchiffrables par le ravage des temps, moins cependant que par la malice des successeurs, qui effaçaient dans les inscriptions les noms dont ils étaient jaloux.

Les murailles sont construites de débris de monuments plus anciens. Des sculptures parfaites y sont employées comme des matériaux bruts. Les colonnes, les chapiteaux, sont placés pêle-mêle avec des autels et des cippes. Ces constructions datent des derniers empereurs grecs, qui ont eu soin de faire inscrire leurs noms, pour qu'on admirât leurs chefs-d'œuvre. On lit sur une tour le nom de *Manuel le grand roi, empereur par le Christ.*

Du côté du nord, les murailles sont toutes de marbre, défendues par des tours construites également de grands blocs de marbre. Les voyageurs voyaient dans ces murs les restes de la ville primitive. Une inscription qui n'avait pas été remarquée prouve, au contraire, que ces travaux sont dus aux empereurs Léon et Constantin; ainsi ces tours, loin d'être les plus anciennes, seraient presque les plus modernes.

La défense de la ville consiste dans un fossé dont les terres forment l'*agger*, revêtu de maçonnerie et défendu par des tours. Derrière l'*agger* est un chemin couvert, au pied du rempart, qui est d'une hauteur double de l'*agger*; les tours de cette première ligne de défense s'ajustent en échiquier avec celles du rempart. Tout est con-

I.

servé comme au temps du dernier siége. J'ai même dessiné dans une salle des gardes, ouverte depuis peu de temps dans une tour, les figures de saints qui décoraient cette enceinte, et sous la protection desquels était probablement la tour. Ces peintures sont d'un pinceau sec et roide, mais ne manquent pas d'un certain caractère.

Je me suis assuré que l'église actuelle des Grecs n'est pas la basilique où se tint le concile.

Cette église ne doit pas remonter au-delà du règne des Paléologues. On y conserve un objet extrêmement précieux. C'est un sarcophage d'une seule pièce en pierre spéculaire. Dans tout l'Orient je n'en ai encore vu qu'un petit morceau dans l'église de Sainte-Sophie; et ici à Angora, un carreau d'un pied dans l'église des Grecs. A Nicée on fait peu de cas de ce beau monument. Il était exposé dans l'église au choc de tous les passants. A ma prière, l'archevêque a fait mettre une barrière pour le protéger.

Nicée est trop intéressante sous le rapport de l'histoire et des arts pour que j'en négligeasse la moindre partie. Aussi ai-je levé un plan général de la ville, même de la ville moderne, pauvres maisons d'argile éparses au milieu des champs de blé. Mais au milieu de ces humbles demeures s'élève un délicieux monument des califes. La mosquée verte (Jescil Djiami-Si), ainsi nommée des porcelaines qui décorent son minaret, est un monument d'un goût délicat et d'un travail exquis. On y remarque toute la finesse de la sculpture arabe, alliée à la richesse des marbres les plus rares.

De Nicée, je me rendis à Ghio, l'ancienne Scius, en suivant la ligne méridionale du lac. Tous ces lieux n'offrent qu'une solitude profonde. On voyage à l'ombre d'arbres vieux comme le temps, qui croissent jusqu'au bord des eaux. Rien n'est plus pittoresque que ce beau lac peuplé de mille oiseaux inconnus à nos climats.

En franchissant une roche escarpée qui jadis barrait la route, j'ai trouvé une inscription gravée sur le roc même, qui apprend que Néron a fait faire cette route de Nicée à Apamée : sans doute *Apamea myrtæa.* L'inscription est double : l'une en grec, l'autre en latin.

J'ai passé un jour à l'extrémité occidentale du lac, pour observer les traces des travaux commencés par Pline, pour joindre le lac de Nicée avec la mer. Les cultures ont nivelé le terrain, mais je me suis convaincu qu'en effet ce projet était au-dessus des forces mêmes des Romains. Il fallait faire un canal de trois lieues au milieu de montagnes élevées, car c'est par erreur que les géographes indiquent la rivière de Ghio comme prenant sa source dans le lac de Nicée : elle descend des montagnes du Sud.

Brousse, comme toutes les grandes villes qui ont conservé leur population, a employé les monuments antiques pour en construire de nouveaux. Elle a été embellie par les califes de plusieurs mosquées, dont quelques-unes sont très-remarquables; mais j'étais pressé de gagner une ville célèbre par le grand nombre et la beauté de ses monuments, je me suis peu arrêté à Brousse.

Aizani, l'ancienne Azanie, dont le territoire est occupé aujourd'hui par plusieurs villages, n'est connue que depuis peu d'années. Elle est citée par Strabon parmi les villes de la Phrygie Epictète, mais il ne s'arrête pas à la décrire. Il paraît qu'elle a été abandonnée, même avant le temps des empereurs grecs, car on n'y trouve aucun débris de cette époque; mais elle est riche en monuments helléniques. Le temple, qui s'élève encore au milieu de tant de ruines, est certainement un des édifices les plus remarquables de l'Asie. La pureté de son style et l'élégance de ses colonnes n'ont rien d'égal dans toute l'Italie. Il est construit en marbre blanc, d'ordre ionique. La rareté de ces monuments lui donne encore un nouveau prix. Il est pseudo-diptère, octostyle. La façade avait deux rangs de colonnes. Il reste aujourd'hui toute la face du posticum, et un côté entier avec le mur de la *cella.*

A quelque distance du temple est un théâtre de marbre attenant à un cirque. La scène du théâtre est entièrement conservée, chose fort rare dans ces monuments. La frise offre des sculptures d'une grande perfection, représentant des chasses d'animaux féroces de grandeur demi-nature.

Un fleuve, qui n'est aujourd'hui qu'un faible ruisseau, traverse la ville, passant sous deux ponts de marbre. C'est le Rhyndacus, qui prend sa source à peu de distance.

J'ai visité Kadi, aux sources de l'Hermus, dans la Phrygie brûlée; les catacombes de l'antique Acmonia, Kara-Hissar, l'ancienne Prymnésie; de là je me suis dirigé vers les montagnes de la grande Phrygie, cherchant des villes au milieu des déserts. C'est dans cette région que devait se trouver Synnada, infructueusement cherchée par plusieurs voyageurs. Pensant, puisqu'elle était voisine des carrières de marbre, qu'elle devait se trouver sur un sol calcaire, j'évitais d'entrer dans les terrains volcaniques qui composent la majeure partie de cette contrée.

Enfin, après deux jours de recherches, je fus me reposer dans un village nommé Eski-Kara-Hissar, où l'on m'avait indiqué quelques ruines; j'arrivais à Synnada, Synnada si bien décrite par Strabon, dominant une plaine plantée d'oliviers; et, comme il remarque très-bien, ce n'est pas de la ville même que l'on tirait ces beaux marbres qui allaient enrichir les monuments de Rome, mais d'un lieu voisin. En effet, cette ville est située sur un monticule, et dans une vallée volcanique. Les monuments qui l'embellissaient ne subsistent plus; mais le village est rempli de fragments de sculptures, et l'on y trouve de nombreux débris de colonnes de ce beau marbre blanc, veiné de violet, qui n'est autre chose que le marbre de Synnada. C'est de là que furent tirées les colonnes du mausolée d'Hadrien à Rome, qui servirent ensuite à la construction de la basilique de Saint-Paul hors les murs. Il existe à Paris un bel échantillon de ce marbre dans une table du Musée égyptien.

A peine avais-je demandé s'il existait dans les environs quelques carrières de marbre, que vingt paysans s'offrirent pour m'y conduire. Elles sont à une distance de trois milles à l'orient de la ville, et touchent à l'extrémité de la plaine qui s'étend de l'est à l'ouest.

Le marbre que l'on en tirait est de deux sortes : l'un parfaitement blanc, et l'autre blanc veiné, d'un beau violet, représentant une sorte de brèche. Les rochers ont été taillés à pic dans une hauteur de plus de cent pieds, pour en extraire ces grandes dalles et ces colonnes dont on admirait la beauté.

S'il y avait le moindre doute sur la position de la ville, malgré les inscriptions que j'ai copiées, ces carrières suffiraient pour la faire reconnaître. J'ai levé un plan topographique du pays.

Il s'agissait de déterminer la portion du bourg nommé Docimia, que l'on retrouve en effet dans le village de Seïd-el-Ar, à deux milles des carrières, en remontant la vallée vers le nord.

Ce village est remarquable par un immense rocher dans lequel on a pratiqué des chambres sépulcrales. On y trouve plusieurs fragments de sculptures romaines, çà et là des blocs de marbre brut, portant le nom de quelque empereur, et au-dessous un chiffre, chose que j'avais déjà observée dans l'entrepôt antique d'Ostie; ainsi on lit sur une pierre :

IMP. ANTONINI

CCXXI.

Les lettres sont grossièrement indiquées.

J'avais quelques indications sur de nombreuses nécropoles situées dans les montagnes du nord de la Phrygie; mais c'est une difficulté extrême de parcourir ces pays, qui sont absolument déserts. Ayant pris des guides et quelques provisions, j'ai exploré cette contrée, qui était tout-à-fait inconnue. J'ai trouvé deux autres nécropoles, semblables à celles de Seïd-el-Ar, aux lieux nommés Rirk-Hinn et Imbazardj-Hinn. Les Turcs appellent hinn les chambres sépulcrales. Elles sont situées au milieu des forêts, et à une demi-journée de Bayat (Beudos).

Il est bien difficile d'indiquer plus exactement leur place.

On remarque une grande anologie entre ces tombeaux et ceux de la vallée de Norchia, en Étrurie. Quelques-uns sont taillés dans le rocher à pic, et à plus de cent pieds de hauteur.

Toutes ces montagnes sont excavées pour y placer des sépulcres. On les compte par milliers. En remontant toujours vers le nord, j'arrivai à la demeure d'été des habitants de Kosrew-Pacha-Khan : j'étais voisin de la vallée où le colonel Leake a découvert un monument phrygien portant une inscription. Les habitants l'appellent Jasili kaïa (la pierre écrite). J'ai parcouru toute cette vallée solitaire, et j'ai trouvé, dans un des lieux les plus inaccessibles de la forêt, deux autres monuments dans le même style; dont l'un est tout chargé d'inscriptions en caractères phrygiens. Ils sont taillés dans le roc, et portent des ornements dans un style particulier. Non loin de là, j'ai dessiné un monument sépulcral tout aussi remarquable. Il se compose de deux chambres contenant chacune six sépulcres, dont le plafond est orné de poutres et de caissons, et d'une façade soutenue par deux colonnes d'ordre grec, deux antes, et un entablement surmonté d'un fronton dans le style grec primitif. Il est également taillé dans le rocher. Je ne saurais décrire les innombrables tombeaux de tout genre qui se trouvent dans ces lieux. De là, je gagnai le Sangarius pour tâcher de retrouver la place de Pessinunte.

Je savais que les voyageurs l'ont cherchée en vain sur les bords du grand fleuve, où la placent les géographes; mais les tables de Peutinger indiquant que cette ville se trouve sur la route de Nicée à Amuria, dont la position est connue, il est évident qu'il fallait la chercher plus au sud.

Arrivé au Sevri-Hissar, je pris quelques informations sur le cours du fleuve, qui est indiqué sur les cartes d'une manière incorrecte, et j'appris qu'à l'orient de la ville, à une distance de trois lieues, il existe des ruines considérables dans un endroit nommé Baldassar.

Après avoir franchi plusieurs collines, je me trouvai sur une crête qui domine une large vallée; c'est là que sont les ruines de la ville, qui couvrent une étendue considérable de terrain; je reconnais Pessinunte.

Les monuments, en effet, étaient nombreux et magnifiques. Dans l'acropole, qui domine la ville, on distingue les restes d'une enceinte de marbre. Les débris des portiques offrent encore, au milieu des blocs de marbre accumulés, des fûts de colonnes qui percent le sol.

La ville était située sur trois collines, à l'intersection de deux vallées. Les environs du temple sont jonchés de débris de colonnes de différents diamètres. On en remarque plusieurs en place. Mais comme les portiques étaient sur le penchant d'une colline, les terres se sont accumulées; plusieurs colonnes sont enterrées jusqu'à l'astragale. La colline du sud était occupée par les maisons dont il reste encore quelques murailles.

Au-dessous du temple on remarque un grand mur de marbre qui joint une partie circulaire. Cette disposition paraît indiquer la place d'une basilique. Près de là, est un portique d'ordre grec, et plus au nord, adossé à la montagne, est le théâtre, dont les gradins de marbre sont encore presque tous en place; mais la scène a disparu.

En face du théâtre, sur l'autre revers de la vallée, est un monceau de blocs de marbre et de colonnes renversées. J'ai lieu de croire que c'était un temple d'Esculape, car j'y ai copié une inscription votive en l'honneur de ce dieu.

Quant au cours du Sangarius, on comprend parfaitement le texte de Strabon; en effet, le fleuve en est éloigné de trois milles, et de plus ce n'est pas le grand Sangarius, mais un de ses principaux bras, que dans le pays on appelle en effet Sakkaria, et que dans les cartes on appelle, je ne sais pour quelle raison, rivière d'Irmarck. Ces ruines se trouvent sur la ligne qui joindrait Nicée et Amuria.

Il est encore d'autres considérations qu'il serait facile de développer, mais je n'ai trouvé aucune inscription où l'on pût lire le nom de Pessinunte.

J'ai visité tout le bassin du Sangarius, et j'ai acquis la certitude que tout le long du cours de ce fleuve, depuis le confluent du Thymber jusqu'à Bey-Basar, il n'a jamais existé de villes. La nature du terrain est un indice suffisant.

J'ai été assez heureux pour arriver à Angora avant que le célèbre monument d'Auguste ne soit entièrement détruit; mais l'ignorance y a porté la main, et d'ici à peu d'années peut-être il n'existera plus.

Le monument d'Ancyre, sur les murs duquel est gravée la vie d'Auguste, n'était point un prytanée, ainsi qu'on l'a dit, mais un temple consacré par la ville à la mémoire de cet empereur. Je suis parvenu à lire et à copier entièrement l'inscription grecque placée sur l'ante; elle lève tous les doutes sur la destination de l'édifice, car on lit dans les premières lignes :

Au Dieu Auguste et à Rome déesse.

C'était le temple de Rome et d'Auguste élevé après sa mort.

Plus bas on lit :

C'est l'Augusteum.

Onze rois, auxquels Auguste a rendu des services, sont nommés dans cette inscription, qui tient toute la hauteur de l'ante.

L'Augusteum d'Angora était un temple périptère construit tout en marbre blanc, avec un soin tel que les joints des pierres sont imperceptibles, même après dix-huit siècles. Il ne reste aujourd'hui que les murs de la cella, et le mur du pronaos, avec une admirable porte, débris d'autant plus précieux qu'on ne connaît en Europe que trois portes de temples d'architecture romaine, celle de Nîmes, celle du Panthéon et celle de Cori. Elle est ornée de consoles et de rinceaux délicatement travaillés et assez bien conservés. C'est à droite et à gauche de cette porte qu'est inscrite la vie d'Auguste.

A l'extérieur du temple, il existe des inscriptions grecques, dont une partie est cachée par les maisons; mais j'en ai copié suffisamment pour me convaincre que ce n'est qu'une paraphrase de l'inscription latine.

Les fenêtres qui donnent aujourd'hui du jour dans l'intérieur ne sont pas l'ouvrage des Romains; elles ont été faites dans le Bas-Empire, lorsque le temple a été converti en église; c'est alors qu'on a démoli le mur du posticum.

Toute la fabrique est ornée d'une frise de rinceaux richement sculptée. Elle se trouvait sous le portique; dans les chapiteaux des antes on remarque des Victoires, les ailes étendues.

Ce monument, dans toute sa structure, marche l'égal des plus beaux édifices de Rome; mais il mérite une renommée plus grande, en ce sens qu'il nous a transmis des faits historiques qui nous eussent été inconnus.

Partout où j'ai passé, j'ai trouvé dans les gouverneurs la plus grande obligeance pour m'aider dans mes travaux. Dans les endroits les plus déserts, on m'envoyait des vivres et des chevaux; et, grâce à eux, j'ai pu explorer assez complétement ces contrées.

D'Angora je vais me diriger vers Gangra, Amasie, la patrie de mon guide, Césarée et la Caramanie. J'espère avoir le temps de visiter une partie de la Cappadoce, sur laquelle je recueille journellement des renseignements curieux.

En quittant Angora, le hardi voyageur s'enfonça dans les vallées où coule le fleuve Halys. Ces contrées totalement inconnues lui offrirent un champ nouveau pour les observations géologiques, et il se trouva bientôt récompensé par une découverte d'un haut intérêt pour l'histoire. A peu de distance du fleuve, il fut conduit dans les ruines d'une ville immense, dont les monuments gigantesques rappellent ces constructions des premiers âges historiques; il leva les plans de cette ville, dont il ne put retrouver le nom, car aucune inscription n'existe dans ces ruines, et tout porte à croire qu'elles sont antérieures à l'usage si répandu par la suite de couvrir les monuments d'inscriptions. Non loin de l'enceinte de cette ville, il trouva, au milieu des rochers, un monument de sculpture qui paraît avoir été travaillé par les habitants primitifs.

Sur le rapport que M. Texier envoya au gouvernement, M. le ministre de l'instruction publique demanda à l'Académie des inscriptions et belles-lettres son opinion sur ces découvertes. L'Académie, après avoir examiné les dessins joints au mémoire, adressa au ministre le rapport suivant :

INSTITUT ROYAL DE FRANCE.

ACADÉMIE ROYALE DES INSCRIPTIONS ET BELLES-LETTRES.

Le pair de France, secrétaire perpétuel de l'Académie, certifie que ce qui suit est extrait du procès-verbal de la séance du vendredi 15 mai 1835 :

Rapport sur un envoi fait par M. Texier, et contenant les dessins de bas-reliefs découverts par lui près du village de Bogaz-Keui, dans l'Asie Mineure.

M. Charles Texier, qui, depuis deux ans, explore l'Orient, a adressé à M. le ministre de l'instruction publique une relation sommaire de son voyage d'Angora à Césarée, en Cappadoce, relation datée de Constantinople, le 15 novem-

bre 1834, et accompagnée d'une collection de dessins, de plans, de levées topographiques et de notes manuscrites.

L'Académie a demandé qu'il lui fût fait un rapport sur ces divers documents,
qui lui ont été renvoyés par M. le ministre; elle a chargé MM. Quatremère de
Quincy, Dureau de la Malle et moi, de ce travail. Aujourd'hui, nous allons avoir
l'honneur de vous soumettre les résultats de notre examen.

Après avoir séjourné à Angora pendant une quinzaine de jours, M. Texier,
vers la fin de juillet 1834, quitta cette ville, riche en monuments antiques, mais
où, contre notre attente, ceux dés siècles byzantins paraissent assez rares. Se
dirigeant vers le N.-E., il arriva, après quinze heures de marche, à Galatjik,
bourg moderne qui se presse sur les flancs d'un mamelon de forme conique,
portant une forteresse. M. Texier ne trouva point d'antiquités en cet endroit;
mais en franchissant un vallon, au bas de la ville, il remarqua sur une colline,
au milieu de restes d'édifices, des bornes milliaires du temps de l'empereur
Adrien, et plusieurs grands lions en marbre, dont le travail n'est pas mauvais,
sans être toutefois de la belle époque de l'art. Il est assez difficile de dire ce qui
a pu porter les anciens à l'exécution d'un si grand nombre de statues de ces
animaux, même en supposant que la forme naturelle des rochers sortant de
terre ait facilité le travail du sculpteur qui, dans certaines localités, voulait
peut-être offrir un hommage à Cybèle, ou dans d'autres, décorer seulement
une avenue ou un paysage. On trouve plusieurs de ces lions en Grèce et dans
les îles de l'Archipel; souvent ils sont de dimensions colossales. M. Brondsted
a donné la description détaillée de celui que l'on voit dans l'île de Cos; il y en
a également à Angora, et M. Texier assure que sur sa route jusqu'à Konieh,
presque toutes les villes antiques en renferment plus ou moins. A Konieh, l'ancien Iconium, il en compta plus de trente bien conservés.

A quelques lieues de Galatjik, qui a peut-être remplacé Sarmalius, ville men-
tionnée dans les itinéraires et dans Ptolémée, notre voyageur passa l'Halys (Ki-
zil-Irmak). Ensuite, se dirigeant au S.-E., après avoir franchi des vallées et des
fleuves que les cartes n'indiquent point, il s'arrêta le cinquième jour au village
de Bogaz-Keui, où, selon les récits des habitants, il devait trouver des pierres
sculptées, les restes du palais de Zizim, les bazars et la forteresse que ce prince
avait fait construire autour de son habitation. En effet, l'attente de M. Texier ne
fut point trompée. Sur une montagne élevée, dont le sommet forme un vaste
plateau, il vit les restes d'une ville occupée aujourd'hui, dans son intérieur, par
une forêt de chênes nains. Une muraille de travail cyclopéen, de cinq mètres
d'épaisseur, l'entoure encore aujourd'hui tout entière. Des portes, dont l'une,
formant jadis une arcade, est ornée, à la hauteur de l'imposte, de deux grandes

têtes de lion en relief; des souterrains; trois acropoles situées sur de hauts rochers isolés; un temple élevé sur plusieurs esplanades, font de ce lieu, suivant M. Texier, un des plus remarquables de l'Asie Mineure. Si nos calculs et les cartes ne nous trompent pas, nous supposons que notre voyageur a retrouvé l'emplacement de Soandus, ville antique de la Cappadoce, dont on ignorait la position exacte, fort déchue déjà du temps de Strabon, qui ne la nomme qu'en passant (*liber* XIV, § 29, ed. Cor.), et qui, peut-être, n'était florissante qu'à une époque antérieure à l'établissement des Grecs dans ces contrées. Cette hypothèse expliquerait du moins pourquoi les débris de sculpture et d'architecture hellénique qui couvrent le sol de tant de villes de l'Asie occidentale manquent presque entièrement dans celle-ci.

Toutefois les ruines dont nous venons de parler ne sont pas l'objet qui mérite le plus de fixer notre attention, dans une localité qu'avant M. Texier, aucun voyageur européen n'avait visitée. A peu de distance de la ville, dans une enceinte de rochers dont l'ouverture est tournée vers le Levant, chaque saillie taillée régulièrement par la main des hommes porte des bas-reliefs. Comme sur les terrasses de Persépolis, comme à Nakchi-Roustam et à Bisutoun, c'est une suite non interrompue de figures, dont la hauteur varie ici depuis la dimension de demi-nature jusqu'à la colossale. Chacune d'elles a été terminée avec soin, et avait reçu un brillant poli, que l'on voit encore dans quelques parties abritées.

En se transportant à l'entrée de l'enceinte, nommée dans le pays *Jasili-Kaïa*, la Roche Écrite, les figures marchent dans le même sens, et toute la pompe se rencontre dans le fond de cette espèce de salle, où l'on aperçoit les deux personnages principaux. Ceux-ci semblent se faire mutuellement des présents. L'un d'eux est barbu; il tient dans sa main droite une massue, et de l'autre il présente une fleur; il marche sur la tête de deux hommes qui fléchissent sous le poids. Coiffé d'une *mitre* fort élevée et de forme conique, il est vêtu d'une tunique courte; à ses pieds on voit un taureau unicorne.

Ce roi est suivi de sa cour, qui forme derrière lui un long cortége. Immédiatement après le prince, on aperçoit deux hommes barbus, également coiffés de la *mitre*; le premier porte dans sa main droite une massue; le bras gauche, qui est tendu, soutient une longue épée. Le second est sans armes: ces deux figures marchent sur des rochers escarpés.

Parmi les six personnages qui composent le bas-relief suivant, nous croyons voir deux prêtresses, tenant la première une serpe; la seconde un ustensile, qui est peut-être un miroir. Deux autres figures sont ailées; enfin celle qui marche la dernière porte une fleur et un bâton recourbé dont la forme a quelque analogie avec celle du *Lituus* des augures romains. Le globe ou le disque qui surmonte son casque est orné de deux ailes; nous retrouvons donc ici le même symbole religieux que nous offrent les monuments de l'Égypte et ceux de quelques peuples de l'ancienne Asie. Comme le costume de ce dernier personnage diffère de celui de toutes les autres figures, M. Texier a cru y reconnaître un second roi marchant à la suite du premier; mais, peut-être, n'est-ce qu'un grand pontife précédé des ministres du culte national. On sait que, quelquefois, chez plusieurs peuples primitifs de la Syrie et de l'Asie Mineure, le pouvoir du grand prêtre égalait presque celui du souverain.

Nous n'entrerons ici dans aucun détail sur les trente-cinq personnages qui, sous les trois derniers bas-reliefs du côté gauche, terminent cette longue marche triomphale. M. Texier les appelle *Dorophores*, *Stratéges* et *Stratiotes*.

Tous, sans exception, ne sont revêtus que d'une légère tunique qui leur descend jusqu'aux genoux; plusieurs portent des massues, des faux, de grands sabres recourbés et des objets que nous prenons pour des fleurs ou pour des branches d'arbres; il est vrai pourtant que quelques-unes de ces branches sont d'une dimension telle, qu'elles ressemblent à des verges ornées, rappelant assez les enseignes des légions romaines. Les treize dernières figures, que M. Texier nomme *Stratiotes*, et qui, en effet, semblent représenter l'armée ou le peuple, sont vêtues d'une manière uniforme. Coiffées d'un bonnet conique, elles sont toutes dans la pose d'un tireur d'arc, sans toutefois porter des armes. Leur chaussure est fortement recourbée.

Deux figures seules, sur tout le monument, sont tournées de face; ce sont celles que l'on aperçoit dans la *pompe des Dorophores*, au milieu du second bas-relief. Placées sur une estrade, elles portent une espèce de barque. M. Texier pense qu'elles sont l'emblème de la puissance maritime du peuple qui a exécuté ces sculptures; mais la barque n'est peut-être qu'un grand bassin rempli d'eau lustrale et supporté par des statues en métal ou en pierre. La position des deux figures sur un piédestal, leur attitude, leurs oreilles saillantes au-dessus de la tête, leur conformation, qui est presque monstrueuse, nous feraient plutôt pencher pour cette dernière explication. Revenons maintenant au fond de l'enceinte où se trouve le prince qui marche à la tête de ce nombreux cortége. La figure qui lui fait face a tous les caractères d'une femme. Une longue robe à larges manches vient s'attacher sous son cou; sa taille est serrée par une ceinture; ses cheveux sont longs et pendants, et sa coiffure consiste en une mitre crénelée, que nous voyons quelquefois aux statues de Cybèle. Cette reine est debout sur un lion et accompagnée, comme le roi, d'un quadrupède unicorne; derrière elle, à la hauteur de sa tête, se voit un emblème qui paraît être une figure d'homme rendue d'une manière grotesque.

La reine est suivie d'un personnage, ambassadeur ou interprète, qui, par son costume, appartient évidemment à l'autre nation. Armé d'une hache et d'un poignard, il marche également sur le dos d'un lion. Derrière lui on voit deux femmes qui présentent des fleurs; plus petites que la princesse, elles sont cependant vêtues d'une manière absolument semblable et portées par un aigle à deux têtes, les ailes étendues. La marche est terminée, de ce côté, par treize personnes du même sexe et dans le même costume, formant un nombre égal à celui des *Stratiotes* que nous avons vus dans le tableau du côté opposé.

Nous ne dirons que peu de mots de quatre autres bas-reliefs qui ne paraissent pas appartenir directement à la scène principale, quoique la sculpture soit évidemment de la même époque. A la droite, quand on entre dans l'enceinte, immédiatement après les treize femmes formant le cortége de la princesse, on aperçoit une figure unique de grandeur colossale; comme elle est abritée par une saillie de roche, elle a conservé toute la fraîcheur de son poli. Appuyant ses pieds sur deux cimes de montagnes, elle est vêtue exactement comme le grand pontife qui marche à la suite du roi, mais dont la taille ne surpasse pas celle des personnages qui le précèdent et le suivent. Notre figure tient également dans une main un sceptre recourbé; de l'autre elle porte une espèce d'ædicule surmontée du globe ailé et offrant, dans ses détails, quelque ressemblance avec le singulier ornement que l'on aperçoit sur la tête du grand génie tutélaire sculptée dans la vallée de Mour-âb, en Perse (*Ker-Porter*, vol. II, pl. 13, p. 492). Nous n'osons décider si, ici, on a voulu représenter un roi, comme M. Texier semble le croire, puisqu'il nomme ce personnage *Padischah*, ou bien si c'est un dieu dont le grand pontife, portant le même costume, aurait été, pour ainsi dire, le représentant parmi les hommes. Les trois autres figures, toutes plus grandes que nature, se trouvent également à droite, mais en dehors de l'enceinte principale; ce sont certainement des divinités, rappelant, par leur composition monstrueuse et par le mélange des formes, les idoles de l'Asie intérieure et celles de l'Inde. C'est un homme avec une tête de lion, ayant les deux mains levées et tenant un globe dans l'une d'elles. Plus loin on aperçoit un être à tête humaine coiffée d'une *mitre* striée et ornée; les bras sont remplacés par deux avant-corps de lion, et les jambes par des monstres marins, dont la tête est aujourd'hui cachée par l'exhaussement du sol; la terre couvre également la partie inférieure de la troisième divinité, que M. Texier croit être la Vénus des Assyriens, Mylitta. Du bras gauche elle presse un enfant sur son sein, tandis que de la droite elle présente un emblème semblable à celui que nous voyons derrière la princesse du tableau principal. Dans le champ est un ædicule, différent seulement par quelques détails, de celui que porte la figure colossale.

2.

Rien de ce que nous connaissons dans l'histoire n'a pu conduire votre commission à appliquer un nom à aucune des figures sculptées sur ce singulier monument, exécuté, selon nous, à une époque antérieure à l'introduction, nous dirons même à l'influence de l'art grec dans ces contrées. Plusieurs détails, et la pose, la disposition, le costume même de quelques personnages, semblent empruntés des monuments de l'Égypte; d'un autre côté, les fleurs que présentent un grand nombre de ces personnages ressemblent aux lotos que, dans les bas-reliefs de Tchil-Minar, nous apercevons dans les mains du souverain et souvent dans celles de son escorte. Ici, comme dans les bas-reliefs de Persépolis, l'œil est toujours placé de face dans les têtes vues de profil; enfin, sans parler d'autres ressemblances, on pourrait trouver quelque analogie entre les deux hommes soutenant la figure colossale du roi et les nombreux guerriers qui, dans le monument de Nakschi-Roustam (*Ker-Porter*, vol. II, pl. 17), soutiennent l'architrave sur laquelle le monarque est placé debout. Mais la différence entre les bas-reliefs de Bogaz-Keui et ceux de l'ancienne Perse n'en est pas moins fort grande. Ces derniers sont exécutés avec plus d'art, de symétrie; ils offrent, dans les amples vêtements des Mèdes, dans la chevelure artistement bouclée de toutes les figures, comme dans les nombreux accessoires, des détails d'un fini et d'une délicatesse que l'on rechercherait en vain dans les nôtres. Ils en diffèrent par le costume des personnages, et, autant que nous en pouvons juger, par le style.

Presque toujours ils sont chargés de caractères cunéiformes ou autres, tandis qu'ici on n'aperçoit pas la moindre trace d'écriture. Aucune femme ne paraît sur les monuments élevés par Darius et par ses successeurs; dans l'enceinte de Jasili-Kaïa, une princesse sans voile, tenant un sceptre, marchant sur un lion, suivie d'un cortége nombreux de personnes de son sexe, ayant également le visage découvert, semble appartenir à ces temps reculés où, sur les bords de l'Euphrate, des reines guerrières fondaient, dit-on, ou affermissaient des empires, et où, probablement, les mœurs de l'Asie n'étaient point encore ce qu'elles sont devenues depuis Cyrus, et surtout depuis l'établissement du mahométisme.

Dans les notes explicatives qui accompagnent ses dessins, M. Texier suppose, d'après la position géographique du monument, qu'il est l'ouvrage des *Leucosyriens*, peuple qui a eu de fréquents rapports avec les Amazones habitant les terres voisines de ce pays. C'est la reine de ces femmes belliqueuses, suivie de ces compagnes, qui vient ici contracter une alliance avec un prince étranger. Nous adopterons volontiers une partie de l'explication de M. Texier; mais nous ne saurions l'admettre dans son entier. Nous croyons, comme lui, que les figures qui couvrent les parois à droite sont des femmes; cependant aucune d'elles n'est armée, et d'ailleurs les Amazones, leurs travaux guerriers, leurs migrations appartiennent, selon nous, plus à la fable qu'à l'histoire. Ce serait plutôt, d'après l'opinion d'un de nos confrères, une apothéose; Astarote, Astarté, la Vénus des Assyriens appelle à l'immortalité un monarque vertueux, père de ses sujets. D'autres y verraient peut-être un des trophées de Sémiramis, malgré l'absence des inscriptions qui accompagnent ordinairement les monuments attribués à cette reine. Enfin, si, renonçant aux interprétations allégoriques, nous méfiant des traditions dans le goût oriental, nous voulions chercher une explication dans les notions incomplètes que nous fournit l'histoire, aurait-on voulu représenter une entrevue, peut-être un mariage, entre un prince de l'ancienne Phrygie, et la fille d'un roi des Mèdes, peuple dominateur en Asie, après la chute des Assyriens ? En effet, nous croyons reconnaître l'emblème de la fécondité parmi les idoles qui, sculptées à l'entrée de l'enceinte, semblent présider à la fête. De plus, nous savons par Hérodote que le territoire de la Phrygie s'étendait jusqu'à l'Halys; et la limite de l'empire des Mèdes était formée, à une certaine époque, par le même fleuve, dont Soandus n'est éloigné que d'une douzaine de lieues. L'entrevue ou, si l'on veut, la réception d'une princesse, devait naturellement avoir lieu dans une grande ville, voisine des frontières.

Nous aurions donc ici un monument appartenant au moins à la famille Gordienne, qui régna dans ces contrées entre les années 740 et 570 avant l'ère vulgaire : c'est sans doute à la même dynastie qu'il faut attribuer, sinon le rocher sculpté de la vallée de Doganlou, du moins l'inscription qui a été découverte par M. le colonel Leake, et qui, depuis, a exercé la sagacité de deux de nos confrères, MM. Letronne et Saint-Martin (1); M. Osann, professeur à Giessen, en a fait, depuis, l'objet d'un travail particulier (2).

Nous ne pousserons pas plus loin nos hypothèses. Nous n'avons plus les *Phrygiaca* d'Agatharchide, d'Hermésianax, d'Arétazès de Gnide, le *Phrygias logos* de Démocrite, les deux ouvrages *Peri Phrygias*, composés, l'un par Cornélius Alexandre, l'autre par Métrophanes, qui était né dans le pays. Réduits, comme nous le sommes, à quelques passages des auteurs qui nous restent, nous nous trouvons même dans l'impossibilité de déterminer, d'une manière certaine, la suite de ces anciens princes qui, presque tous, portaient le nom de Midas et de Gordius. Nous ne connaissons pas davantage l'histoire d'Arbace, de Mandacès, de Déjocès, de Sosarmus, roi des Mèdes, dont une fille ou une sœur vient peut-être ici cimenter une alliance entre deux peuples limitrophes. Il serait donc.

____

(1) *Journal des Savants*, octobre 1820, page 625; avril 1821, page 247.

(2) Midas, oder Erklaerungsversuch der erweislich aeltesten Grieschischen Inschrift, etc., von Friederich Osann, Leipzig und Darmstadt, 1830, in-4°.

imprudent de se jeter dans le vaste champ des conjectures. Nous nous bornerons à dire que l'absence totale de l'écriture sur ces bas-reliefs doit faire supposer qu'ils sont antérieurs à l'introduction de l'alphabet et de l'idiome hellénique dans cette partie de l'Asie Mineure, et par conséquent plus anciens que les inscriptions de Doganlou. Exécutés probablement par un peuple qui se disait le plus ancien du monde, ils retracent des faits qui précèdent le commencement de l'histoire ; ils ajoutent quelques pages à celle de l'Asie.

Par un hasard inattendu, le temps, qui se joue de l'œuvre et de la pensée de l'homme, a respecté ces bas-reliefs, appartenant, selon nous, au moins au huitième siècle avant notre ère, monuments curieux d'un art barbare, mais indigène, et, sans aucun doute, antérieurs à la civilisation grecque, qui depuis, portée dans notre Occident par les armes romaines, modifiée par le christianisme et par la longue expérience du moyen âge, a changé la face du monde.

Conclusions.

D'après ces réflexions et l'examen attentif des dessins qui nous ont été envoyés, vous jugerez, Messieurs, le degré d'intérêt qu'ils présentent sous le triple rapport de l'art, de l'histoire et de la géographie ancienne.

En terminant ici son analyse, votre commission a l'honneur de proposer à l'Académie :

Premièrement, de remercier M. Texier de l'activité et du zèle dont il nous a déjà donné des preuves nombreuses pendant son long et pénible voyage ;

Secondement, d'adresser à M. le ministre de l'instruction publique une copie de notre rapport, et de recommander de nouveau à sa sollicitude éclairée ce jeune voyageur, qui, dans l'intérêt seul de la science, avec fort peu de ressources, s'expose dans des contrées rarement visitées par des Européens, à tant de fatigues, et, nous pouvons l'ajouter, à tant de périls.

Signé à la minute :

QUATREMÈRE DE QUINCY, DUREAU DE LA MALLE, ET HASE, *rapporteur.*

L'Académie adopte les conclusions du rapport.

Certifié conforme :

Le pair de France, secrétaire perpétuel de l'Académie royale des inscriptions et belles-lettres,

Baron SILVESTRE DE SACY.

L'opinion des savants ne s'est pas encore arrêtée sur le sujet représenté dans ces bas-reliefs. M. Raoul-Rochette pense qu'il est relatif à une alliance entre les Mèdes et les Bactriens.

BIBLIOTHÈQUE DU ROI.

COURS D'ANTIQUITÉS. — M. RAOUL-ROCHETTE, PROFESSEUR.

DES PRODUITS DE LA SCULPTURE BABYLONIENNE.— *Deux classes de monuments : des figures taillées dans le roc et des cylindres gravés.— Zarina, reine des Saces. — Bas-relief trouvé dans une ville découverte récemment par M. Texier sur les bords de l'Halys.*

Un jeune voyageur, M. Texier, qui parcourt maintenant l'Asie Mineure, aux grandes espérances et déjà au grand profit de la science, a découvert tout récémment sur les bords du fleuve Halys, dans un lieu inexploré jusqu'à lui, une ville tout entière, dans laquelle on remarque, entre autres monuments très-curieux, un bas-relief taillé dans le roc, dont le dessin, envoyé par M. Texier à M. le ministre de l'instruction publique, a été communiqué à l'Académie royale des inscriptions et belles-lettres. Il représente un roi et une reine, dans une rencontre solennelle, un mariage ou une réconciliation. Le roi, vêtu d'une tunique, la tête couverte d'une tiare, une bipenne à la ceinture, et une massue sur l'épaule, est debout dans l'attitude de la marche, et ses deux pieds portent sur la tête de deux hommes qui se courbent sous son poids, symbole frappant du despotisme asiatique et de son action sur les peuples. La reine, couverte d'une longue tunique babylonienne, arrêtée au-dessous des seins par une ceinture, coiffée d'un bonnet crénelé comme celui de Cybèle, divinité phrygienne, et tenant à la main un sceptre terminé par un croissant, est également debout, mais sur un lion ; circonstance que nous avons déjà rencontrée plusieurs fois, et qui seule suffirait pour nous indiquer l'origine babylonienne de ce bas-relief. Ces deux personnages sont debout, l'un devant l'autre, de taille égale, ce qui, comme l'on sait, indique une égalité de rang et de situation, et échangent entre eux des symboles dont il nous est impossible de déterminer la signification. Derrière chacun d'eux est une nombreuse suite de serviteurs et de courtisans : au milieu de la suite de la reine, entièrement composée de femmes, on remarque un jeune homme, le seul de son sexe, qui suit immédiatement la reine, et qui par conséquent semble être son fils. Il est debout et ses pieds reposent sur une panthère. Telle est l'ordonnance générale de ce curieux monument, qui bientôt sera publié aux frais du gouvernement, et dans lequel tout semble indiquer l'art asiatique et la plus haute antiquité. La position respective des deux personnages, la situation des groupes qui paraît désigner deux nations différentes, la nature de l'action, le caractère de l'art, ont fait conjecturer à M. Raoul-Rochette que les deux nations étaient les Mèdes d'une part, et les Bactriens de l'autre, et que le sujet du bas-relief était la paix qui termina la longue lutte des Mèdes et des Bactriens, et qui fut conclue entre Cyaxare et Zarina. Cette conjecture, qu'une observation plus approfondie ou de nouvelles découvertes viendront peut-être justifier ou détruire, semble appuyée sur plusieurs circonstances, sur la ressemblance des noms, sur le sexe des personnages, et n'est formellement contredite par aucune. Du reste, M. Raoul-Rochette se réserve de la développer dans un travail particulier. Quoi qu'il en soit, ces monuments sont, pour l'histoire de l'art comme pour l'histoire générale, une précieuse découverte, source peut-être de nombreux et d'intéressants renseignements, dont il est impossible de prévoir et de déterminer d'avance la portée.

Ces importantes découvertes, et particulièrement celle des bas-reliefs, avaient eu un grand retentissement en Europe. Les différents voyageurs auxquels M. Texier avait communiqué ces dessins à Constantinople en avaient envoyé la description dans leur pays, et les corps savants de la Russie, de l'Allemagne et de l'Angleterre accueillaient avec transport une découverte qui faisait concevoir les plus grandes espérances sur les résultats ultérieurs de ce voyage.

Après avoir quitté les bords de l'Halys, le voyageur entre en Cappadoce. L'extrait suivant du rapport adressé à M. Guizot fera connaître l'itinéraire qu'il a suivi depuis Bogaz-Keui jusqu'à Satalie.

De Constantinople à Angora, nous avions pour matériaux, non-seulement la correspondance particulière de M. Texier, mais son rapport au ministre de l'instruction publique, daté d'Angora, le 16 juillet 1834, et inséré au *Moniteur* du 18 décembre. Entre cette ville (l'ancienne Ancyre) et Césarée, un mémoire adressé à l'académie des inscriptions, et les dessins qui y étaient joints, nous ont permis d'entrer dans des détails assez circonstanciés, sur le morceau de sculpture si extraordinaire, composé de soixante figures dont plusieurs colossales, et qu'il trouva sur les confins de la Galatie et de la Cappadoce. Là se sont arrêtés nos détails; nous n'avons offert qu'un aperçu de son séjour à Césarée et de son retour à Smyrne, d'après quelques lettres écrites au milieu de ses plus grandes tribulations, puisque le choléra, qui était venu se joindre à des fatigues excessives et à des privations de toute espèce, l'avait fait arriver mourant chez le respectable pacha d'Adalia.

Nous ne parlerons pas de cette fête de saint Jean Prodrome, patron du couvent, où les Arméniens se rendent des contrées les plus éloignées, des possessions russes, de la Perse, de toutes les parties de l'Asie, avec une bizarrerie, une richesse et surtout avec une variété de costumes facile à concevoir, en se rappelant à combien de nations diverses appartient cette communion nombreuse et disséminée. Nous ne ferons aussi qu'indiquer le costume des femmes grecques d'Eneghi, dont la coiffure est un haut bonnet portant deux grandes cornes qui font ressembler leur tête à celle d'un bœuf; et cette messe, où le voyageur, en sa qualité d'étranger et d'après la recommandation du patriarche, fut admis dans le lieu réservé aux femmes : « Je montai, dit-il, dans une galerie sombre et enfumée, éclairée par des cierges de cire jaune. Au milieu de tous ces êtres cornus, chantant des cantiques sur des airs traînants et barbares, il me semblait que j'assistais à une messe entendue par des démons. »

Nous laisserons tous les détails de ce genre, pour arriver à cette vallée de l'Urgub, indiquée déjà d'une manière si pittoresque dans ses anciennes lettres, et dont voici une description plus détaillée : « Après avoir franchi une montagne qui borne l'horizon, le tableau le plus étonnant s'offre aux regards, c'est la ville d'Urgub. Elle est située à l'ouverture d'une large vallée. Il semble de loin que ses habitants demeurent dans des ruches colossales, amas de cônes réguliers et blancs comme la neige. Toute l'immense vallée, qui a sept lieues de long, est remplie de ces singulières formations, et les anciens y avaient établi une nécropole, qui a dû, si l'on en juge par son immensité, recevoir les générations de plusieurs villes. Les chambres sépulcrales s'y comptent par milliers, et plusieurs sont tellement vastes et bien disposées, que les habitants actuels n'ont eu que la peine de construire une façade devant l'entrée pour avoir une maison commode. »

« Sur les parois de la vallée où l'on voit les cônes naître comme des végétations, les eaux en s'écoulant commencent à former la pointe de ces cônes, qui augmentent à mesure que le ruisseau se forme un lit plus profond. On voit de ces pyramides qui ont à peine un mètre de haut; plus bas dans la vallée elles ont plus d'élévation, et enfin les plus élevées sont au centre. »

« A Martchiann, les cônes sont d'une hauteur gigantesque (80 à 100 mètres), et comme la roche est un peu plus dure qu'ailleurs, les anciens se sont plu à décorer l'entrée des tombeaux d'ornements un peu plus soignés. Plusieurs frontispices sont supportés par des colonnes d'ordre dorique avec des antes aux angles. Un entablement complet et un fronton les surmontent..... Les habitants de ces lieux m'ont assuré n'avoir

jamais rien découvert dans ces tombeaux, pas même des ossements.....

« D'après leur examen, on ne saurait assigner de limite à la création et à l'abandon de ces nécropoles. Il est certain cependant qu'elles ont été en usage, même pendant l'époque byzantine, car dans plusieurs chambres on remarque des croix sculptées, et dans un lieu de la vallée, nommé *Keurémé*, on voit encore des chapelles et des tombeaux chrétiens, avec des peintures à fresque, d'une conservation parfaite. C'est cette circonstance qui a valu à ces lieux le nom de *Bin bir kilisia*, les mille et une églises; car les Turcs et les Grecs sont persuadés que chaque tombeau était une chapelle. »

« A *Keurémé* les cônes se multiplient et reçoivent les formes les plus étranges. Le fond de la vallée est un sable argileux, d'un rouge ardent; les cônes conservent toujours la couleur blanche. En errant au clair de la lune dans ces lieux qui n'ont rien de terrestre, les yeux ont peine à se faire à ces formes bizarres : l'imagination les arrange; on croit voir de blanches cathédrales, dont les mille flèches s'élancent dans les airs; ce sont de longues phalanges de moines, couverts de leurs cuculles, de pâles fantômes enveloppés de linceuls, qui glissent sur un torrent de flammes. Pas un brin d'herbe ne croît sur ce terrain, dont la surface se renouvelle sans cesse; pas une source ne rafraîchit la terre. C'est un désert à perte de vue, un sol hérissé qui semble appartenir à une autre planète. »

Que de réflexions ne fait pas naître l'étrange destinée de ces lieux dans la nature et dans la société ! Ces perturbations du globe, offrant, au milieu de l'aridité la plus inféconde, des monuments où tant de générations sont venues confier pieusement les restes de leurs morts; ensuite une population, sans doute bien peu favorisée du sort, profitant de ces demeures funèbres, âgées de tant de siècles, et transportant dans ces tombeaux, sinon les aisances, du moins les mouvements de la vie. Quelles ruines solitaires, conservant l'imposant témoignage de leur splendeur passée, seraient plus curieuses à consulter sur les contrastes dont elles furent témoins, que ces cônes antiques de la plaine d'Urgub !

Les observations géologiques de M. Texier sur cette plaine, dans son rapport au ministre, signalaient partout des traces volcaniques de différents âges. « Le mont Argée, dit-il, appartient à une formation isolée. Il suffit d'observer sa forme pour être convaincu que cette montagne ne doit son origine qu'à l'action de feux souterrains, et l'examen géognostique ne dément pas cette conclusion... Du pont de l'*Halys* jusqu'au village d'*Erkilet*, qui domine la plaine de Césarée, la distance est de cinq lieues. Les terrains n'offrent plus ces terres unies couvertes de troupeaux, mais on traverse un pays qui porte les traces les plus effrayantes des catastrophes volcaniques; des vallées profondes sillonnent le pays : on voit que leur formation est plus récente que l'épanchement des laves, car des blocs immenses ont roulé jusque dans le fond, et montrent leurs flancs déchirés, formés de couches alternatives de laves scoriacées, de tufs et de laves en forme de brèche...

« La plaine de Césarée, qui aujourd'hui est couverte d'une couche de terre végétale suffisante pour y cultiver le blé, était jadis absolument stérile. On voit encore dans plusieurs parties le terrain inférieur qui se compose d'une épaisse couche de tuf volcanique, et dont la surface est tellement unie que l'on croirait marcher sur un dallage fait avec soin. On observe seulement de longues fissures en ligne droite, et qui divisent le tuf en polygones irréguliers. Mais ces terrains si unis sont coupés par des gouffres profonds, qui ne paraissent devoir leur origine qu'au retrait des laves par l'effet du refroidissement. C'est de ces longues vallées de retrait que sortaient encore des flammes, du temps de Strabon. »

« Ainsi, quoique le mont Argée doive être, par la nature de ses roches constituantes, rangé dans la classe des volcans anciens, il est hors de doute que dans les temps historiques, ses flancs et la plaine qui l'environne ont encore offert des traces de phénomènes volcaniques. »

Ces passages, extraits du rapport du 25 février, offrent des rapprochements bien remarquables avec la lettre de Smyrne du 15 septembre, par laquelle M. Texier raconte à M. Arago le tremblement de terre qui s'est fait sentir dans ces mêmes lieux, le 15 août dernier. Plus de deux mille maisons furent renversées à Césarée, où les secousses se succédaient avec tant de violence et de rapidité, qu'on se serait cru sur mer pendant une tempête. Tous les villages au sud de l'Argée, sur une ligne de plus de trente milles, ont horriblement souffert. Il a péri une quantité considérable de monde; un lac a pris la place du village de Kometzi....., etc. « Après un semblable événement, écrivait M. Texier, il est permis de douter que cette contrée ait été en repos depuis les dernières catastrophes dont la mémoire est venue jusqu'à nous; mais il est probable que, renouvelées à de longs intervalles, elles ont été oubliées par les habitants. »

Mais reprenons notre voyageur à sa sortie d'Urgub. Plus il avance, plus les ressources commencent à lui manquer. Les pays qu'il parcourt sont entièrement déboisés; les habitants n'ont absolument d'autre combustible que de la bouse de vache, de vastes plaines leur permettant au moins de nourrir de nombreux troupeaux. Mais bientôt l'eau même devient si rare, que des localités prennent leur nom de son entière privation. Un voyage n'est pas une partie de plaisir, dans de pareils pays. C'est sur les montagnes arides de la Lycaonie que là fièvre vint se joindre à ces incommodités. « Au village de *Devrent* nous ne trouvâmes pas un seul habitant; c'est l'usage des Turcs de se rendre, pendant l'été, dans les montagnes voisines, pour y passer la belle saison; toutes les maisons étaient fermées. Nous fûmes contraints de souper de quelques feuilles de betteraves bouillies, le seul mets que nous apporta un pauvre Turc resté dans le village. Mais forcé de coucher en plein champ, je dus à une pluie abondante qui tomba pendant la nuit, les accès de fièvre qui ne me quittèrent plus pendant tout mon voyage. »

Un rapport au ministre fera bientôt connaître l'importance archéologique et géographique de découvertes comme celles du temple de Diane Cyndiade et du golfe de Bargylia. Ce golfe est grand six fois comme le port de Marseille, et c'est dans la Méditerranée que les vaisseaux ont passé mille fois devant un tel golfe sans le soupçonner ! Il n'est sur aucune carte. Chandler avait cherché vainement la position de Bargylia; M. Texier a été plus heureux : « Elle se place incontestablement, dit-il, à six lieues O. N. O. de Caryandre. »

Le voyage de cette année est peut-être encore plus riche que celui de l'année dernière en observations singulières sur l'architecture : telles qu'un monument cyclopéen à grandes colonnes triangulaires, des monuments pélasgiques de Cnide, avec des voûtes en voussoirs, des monuments cyclopéens avec une voûte en trapèze; exemple peut-être unique de ce genre de construction. Mais nous nous contenterons aujourd'hui de signaler ces importants résultats, nous réservant de les exposer plus en détail, d'après le rapport qui doit bientôt arriver.

Maintenant notre voyageur, après avoir visité Adramytte, Assos, Pergame, Téos, le temple d'Apollon Didyme, Jassus, Cos, Cnide; Telmissus, Patare, Adalia, Perga, Halicarnasse, Bargylia, Mylassa, Héraclée de Latmus, Milet, Priène, Néapolis, Samos, Chio, écrit de Smyrne, le 1ᵉʳ octobre, qu'il se décide à laisser *la Mésange* revenir sans lui, pour faire une excursion à l'est de Smyrne, dans l'intérieur, et visiter Hypœpa, Tralles, Nisa, Philadelphie, Sardes et le mont Tmolus. L'année prochaine, il aura sans doute, et en temps utile, toutes les facilités nécessaires pour explorer les côtes de la mer Noire, et peut-être même, par une marche inverse de celle qu'il me traçait, se transportera-t-il ensuite sur les rives ioniennes, en passant enfin par le Kurdistan, traversant toute la largeur de l'Asie Mineure, et couronnant ainsi l'exploration la plus complète et la plus savante de cette antique contrée, si imparfaitement connue parmi nous, et dont pourtant l'histoire se lie aux plus anciennes traces des Gaulois nos ancêtres.

Les rapports que M. Texier adressa à M. le ministre de l'instruction publique au retour de son premier voyage, et qui furent transmis à l'Académie des inscriptions et belles-lettres, intéressèrent si vivement ce corps savant, que la commission chargée de diriger le voyage en Asie, écrivit à M. le Ministre la lettre suivante :

Monsieur le Ministre,

Vous avez eu la bonté de communiquer à l'Académie, il y a déjà plusieurs mois, un rapport que vous avait adressé M. Texier, relativement aux antiquités par lui découvertes dans l'Asie Mineure, et qui avaient échappé jusqu'ici aux investigations des voyageurs européens. Ces découvertes inspirèrent un si grand intérêt à l'Académie, et lui firent concevoir de si vives espérances pour la suite du voyage de M. Texier, si il était mis à même de prolonger son séjour dans l'Orient, et d'étendre ses recherches, qu'elle me chargea de solliciter, tant auprès de vous, M. le Ministre, qu'auprès de M. le ministre de l'intérieur, une nouvelle allocation de fonds. M. le ministre de l'intérieur répondit à l'Académie qu'il était dans l'impossibilité de se rendre à son désir. Sans doute, l'époque avancée de l'exercice 1834, et les engagements précédemment contractés par ce ministre, étaient le motif de son refus. Depuis ce temps, le voyage de M. Texier a produit de nouveaux résultats tout à fait inattendus et non moins intéressants que les premiers.

Les détails qu'il a donnés à cet égard, à quelques membres de l'Académie, dans des lettres écrites de Smyrne, à la fin d'octobre, et dont elle a eu communication, sont sans doute connus de vous, M. le Ministre, par sa correspondance avec vous, et par le rapport qu'il a dû vous en faire; ils n'ont pu que renouveler les vœux que l'Académie avait exprimés précédemment, en faveur d'un voyageur aussi zélé, dont les travaux ont déjà été couronnés de succès si remarquables, et duquel on peut tout espérer, si les moyens et l'appui du gouvernement ne lui manquent point. Malheureusement, les fatigues inséparables d'un tel voyage, surtout lorsqu'on est obligé de se soumettre à une sévère éco-

3.

nomie, ont porté une atteinte grave à la santé de M. Texier, ce qui a retardé l'envoi de ses rapports et de ses dessins. Il a dû vous faire connaître la somme qui lui est rigoureusement nécessaire pour reprendre en 1835 la continuation de son voyage, d'une manière utile et conciliable, avec les soins qu'exige sa santé. Il est bien à désirer que les fonds lui soient envoyés assez tôt pour qu'il puisse se mettre en route avant la fin de mars.

L'Académie, M. le Ministre, sait parfaitement qu'en sollicitant votre intérêt pour M. Texier et pour le succès de son voyage, elle entre tout à fait dans vos vues. Elle m'a chargé de faire dans le même objet, une nouvelle démarche auprès de M. le ministre de l'intérieur; elle a lieu de croire qu'au commencement d'un nouvel exercice, il n'éprouvera pas la même difficulté à concourir à une entreprise honorable pour le gouvernement et pour la France, et qui n'intéresse pas moins les arts que la science de l'antiquité. L'Académie ose vous prier de recommander cet objet à monsieur votre collègue.

Agréez, je vous prie, etc.,

Signé : SYLVESTRE DE SACY.

Les témoignages d'intérêt que recevait le voyageur français de la part des hommes les plus aptes à le juger, appelèrent de nouveau l'attention du gouvernement. Les fonds que M. le ministre de l'instruction publique pouvait mettre à la disposition de M. Texier devenaient insuffisants pour remplir la mission qui lui était confiée; aussi M. Baude, mû par un noble intérêt pour la science, n'hésita pas de demander à la Chambre une allocation spéciale pour que ce voyage fût complété suivant les désirs du gouvernement et de tous les savants français. A la séance du 1er juin 1835, après plusieurs augmentations votées pour les encouragements aux sciences et aux lettres, M. Baude fit la proposition suivante :

CHAMBRE DES DÉPUTÉS.

SÉANCE DU 1er JUIN 1835.

A l'époque où le budget a été présenté, l'importance des travaux de M. Texier, qui explore dans ce moment l'Asie Mineure, n'avait été révélée ni au public, ni au ministre, et c'est ainsi que dans la proposition de crédits soumise à votre discussion, il n'en avait été tenu aucun compte.

M. Texier est non-seulement un voyageur très-intrépide, très-savant, réunissant une foule de connaissances qui se fécondent réciproquement; c'est encore un voyageur heureux. Si l'on désirait des détails sur ses travaux, j'engagerais quelques-uns de nos honorables collègues qui font partie de l'Académie des sciences ou de l'Académie des inscriptions et belles-lettres, à se charger de vous les rappeler. Je me contenterai de dire en peu de mots que M. Texier a fait de véritables découvertes dans lesquelles l'histoire, la géographie et le commerce sont également intéressés : je dis le commerce, car au milieu de ses travaux archéologiques, il a su recueillir les détails les plus circonstanciés sur plusieurs cultures dont s'enrichira notre pays.

A ses travaux sur l'antiquité, il en a joint d'autres sur des objets d'art, dont l'abord avait été jusqu'à présent interdit aux chrétiens ; il a dessiné des monuments d'architecture turque qui ouvrent à l'art des constructions une carrière toute nouvelle.

M. Texier voyage depuis deux ans en Asie Mineure, et il a consommé dans ses voyages la moitié de son modeste patrimoine.

J'ose dire que la Chambre méritera bien de la science et du pays, en accordant les 12,000 fr. dont je propose l'allocation, afin que M. le ministre de l'instruction publique puisse subvenir aux frais de voyage de M. Texier.

M. *Auguis.* Je viens m'opposer à l'allocation de 12,000 fr. demandée par M. Baude. Je vois aux détails du chapitre XI du budget du ministère de l'instruction publique, une somme de 24,800 fr., affectée par ce ministère aux archéologistes envoyés par le gouvernement. Je reconnais que M. Texier a fait des observations extrêmement importantes. Il en a été rendu compte dans deux rapports qui ont été publiés dans le *Moniteur*, et chacun de nous les a lus avec le plus grand intérêt.

Mais, Messieurs, nous ne pouvons pas savoir quelle sera la suite des découvertes que fera M. Texier. Il faut nécessairement attendre son retour pour juger de l'intérêt de ses découvertes.

Je profite de cette occasion pour remercier M. le ministre de l'instruction publique de la publication de l'ouvrage de M. Champollion, de la publication des voyages de M. Jacquemont.

Eh bien, Messieurs, lorsque de pareils encouragements sont donnés, nous ne pouvons pas douter que, lorsque nous connaîtrons le travail complet de M. Texier, un encouragement nous sera demandé, et je ne doute pas que vous ne l'accordiez. Nous pouvons juger de ce qui sera fait alors par ce qui se fait aujourd'hui. En conséquence, je propose l'ajournement de la proposition de M. Baude.

M. *Guizot, ministre de l'instruction publique.* Je ne prends la parole ni pour appuyer ni pour combattre l'amendement ; mais il est de mon devoir de rendre justice aux travaux véritablement distingués et périlleux de M. Texier, dans l'Asie Mineure. Jamais peut-être architecte ne s'est engagé dans une entreprise plus pénible, n'a pénétré dans plus de lieux d'un plus difficile accès, et n'en a rapporté, en aussi peu de temps, des résultats et des dessins plus curieux.

A cette occasion, Messieurs, je ferai sur ces diverses additions à mon budget, qui viennent de vous être proposées, une seule observation : je prie la Chambre de remarquer que dans la proposition de ce budget, je n'ai demandé aucune augmentation; je me suis borné à reproduire textuellement le budget de l'année dernière; c'est là ce qui a donné lieu à ces différentes propositions d'augmentation, dont quelques-unes auraient dû, je n'hésite pas à le dire, émaner de l'administration.

C'est par une extrême réserve, et que la Chambre me passe ce mot, par une sorte de timidité, que je m'étais abstenu de présenter moi-même une augmentation : plusieurs de ces augmentations, je le répète, me paraissent fondées. Je crois que les observations qu'adressait naguère à la Chambre M. le président le sont également; je pense qu'il convient mieux que les propositions de dépenses viennent de l'administration elle-même, et qu'elles soient examinées dans vos commissions avec toutes les formalités, tous les renseignements qui doivent précéder le vote des dépenses publiques. Mais de là, la Chambre me permettra de tirer cette conséquence, qu'à l'avenir l'administration doit être moins réservée et moins hésitante, si on peut parler ainsi, à demander les augmentations qui lui paraissent justes et nécessaires. Pour mon compte, je n'hésiterai pas désormais, et je croirai m'acquitter d'un devoir.

M. Pelet de la Lozère. Il me paraît que la réserve que s'est imposée l'administration était nécessairement fondée ou sur l'inutilité de la dépense qui lui était connue, ou bien, ce qui est plus vraisemblable, sur l'insuffisance des moyens pour y faire face. Or, il me semble qu'alors cette timidité était bien fondée; que la même timidité doit nous arrêter nous-mêmes; et que, par la même raison, toutes les fois que les ministres voient la Chambre s'engager dans des dépenses qui excèdent les moyens de l'État, le même motif qui les a empêchés de les proposer doit les porter à les combattre eux-mêmes. Ce n'est que par ce moyen qu'ils pourront maintenir le budget dans les bornes convenables, avec une balance raisonnable des recettes et des dépenses.

M. de Laborde. Après la bienveillance que la Chambre a accordée à plusieurs amendements du genre de celui-ci, je ne viendrais pas en appuyer un nouveau, s'il ne me paraissait pas intéresser plus que les autres, non-seulement les sciences, mais même la gloire nationale.

Vous le savez, Messieurs, l'Asie Mineure est, de tous les pays classiques, le moins connu et le plus important à connaître. Les Anglais, dont les voyageurs sont en général aventureux et habiles, y avaient commencé depuis longtemps d'intéressantes recherches ; mais depuis quelques années, nous les avons dépassés. Plusieurs rapports de l'Académie des inscriptions vous prouveraient que si les plans, dessins et documents rapportés par les voyageurs français étaient publiés, l'Europe savante nous saurait gré de nos efforts, et parmi ces travaux, ceux de M. Texier paraissent avec le plus d'éclat. Messieurs, si j'avais pu dans ma vie éprouver un sentiment que j'ai toujours repoussé, celui de l'envie, je l'aurais éprouvé pour les découvertes de M. Texier.

En effet, j'ai parcouru pendant un an presque toutes les provinces de l'Asie Mineure ; j'ai pu les étudier avec soin ; j'avais avec moi une nombreuse suite, des firmans étendus, un Tartare de la Porte ; et cependant je n'ai pu pénétrer dans la province de la Cappadoce, et qu'imparfaitement dans celle de la Caramanie, dans l'une à cause de la peste, et dans l'autre à cause de la guerre des Turcomans. Eh bien, voilà qu'un jeune homme d'une santé faible, avec une misérable somme de 3,000 fr. que lui a donnée M. le ministre de l'instruction publique, se jette là-dedans, et fait des découvertes pour lesquelles, je le répète, j'aurais pu éprouver de l'envie.

Eh bien ! à présent que ce jeune homme est encore dans le pays où il n'a point terminé ses travaux, notre collègue M. Auguis vous demande d'attendre qu'il soit revenu pour qu'on examine l'importance de ses travaux. Mais c'est pour qu'il y reste, et pour qu'il puisse finir ce qu'il a commencé, que la somme est demandée ; car il lui reste à explorer la Caramanie, qui est un pays où il est si difficile de pénétrer, que la société de géographie dont je fais partie a proposé un prix pour ceux qui l'exploreraient.

Je n'ai pu moi en étudier à peu près que le tiers, et encore c'est la partie dont le capitaine Beaufort avait relevé les côtes et dont j'ai exploré l'intérieur.

Nous sommes, Messieurs, si peu de voyageurs français allant explorer ces pays, qu'il est en quelque sorte de l'intérêt national de seconder ceux qui s'y consacrent, et je suis persuadé que si cette dépense avait été présentée au commencement de la séance, au lieu de l'être à la fin, vous l'auriez adoptée sans difficulté ; je l'appuie donc, et je vous assure que si vous l'accordez, vous n'en aurez aucun regret.

M. Arago. M. le ministre de l'instruction publique a rendu un juste hommage au talent de M. Texier comme architecte.

Je manquerais à un devoir si je n'ajoutais pas que ce voyageur a envoyé à l'Académie des sciences des travaux aussi très-importants, des travaux qui n'ont aucun rapport avec l'étude de l'antiquité, mais qui n'en sont pas moins fort remarquables.

M. Texier se trouve, au Levant, dans une position tout à fait exceptionnelle. Je l'avais recommandé à mon illustre ami M. l'amiral Roussin. Voici ce que m'écrit cet ambassadeur :

« J'ai mis un petit bâtiment à la disposition de M. Texier pour le transporter sur le littoral de la mer Noire jusqu'à Trébizonde, ce qui lui facilitera l'exploration des provinces d'Asie situées entre cette ville et Constantinople, en économisant son temps et ses peines. Après lui avoir procuré les firmans nécessaires à sa sûreté sur toutes les routes qu'il a parcourues, et la permission d'entrer dans les monuments les plus réservés dans les villes de l'Asie Mineure, je viens de lui obtenir l'entrée de Sainte-Sophie, et la permission de mesurer et dessiner l'intérieur de ce monument. C'est la première fois que cette faveur a été accordée, et il sera le premier dessinateur étranger qui l'aura obtenue. »

Je le répète, Messieurs, M. Texier se trouve dans une position extrêmement favorable ; il la doit à ses relations avec le seraskier et à la protection de l'amiral Roussin.

J'ai la conviction que si vous accordez le secours qui vous est demandé, il en résultera des travaux qui feront honneur au pays. (Appuyé ! appuyé ! aux voix !)

M. le président. Je mets aux voix l'augmentation de 12,000 francs proposée par M. Baude.

(Cette augmentation est adoptée par la Chambre.)

M. le président. Je mets aux voix le chapitre augmenté de 12,000 fr.

(Le chapitre est adopté.)

La protection que M. Texier reçut de la part de M. l'amiral Roussin, ambassadeur à Constantinople, l'avait mis à même de remplir la partie la plus difficile de sa mission. Il avait obtenu de la Porte, sur la recommandation de l'ambassadeur, les firmans nécessaires pour visiter les mosquées des principales villes de l'Asie.

Au printemps de l'année 1835, le ministre de la marine ayant mis un bâtiment de guerre à la disposition de M. Texier, l'amiral Roussin chargea M. Lejeune, lieutenant de vaisseau, commandant la goëlette *la Mésange*, de conduire M. Texier sur les côtes de Caramanie. Le reis-effendi s'empressa de faciliter ces utiles recherches en adressant à l'ambassadeur, de la part du sultan, le firman suivant :

Traduction d'un firman adressé à toutes les autorités civiles et militaires des pays situés sur la côte, depuis Constantinople jusqu'à Tarsous, par mer.

L'ambassadeur de France, près ma Sublime Porte, amiral baron Roussin, modèle des grands de la nation chrétienne, a dernièrement, dans une note qu'il a présentée, exposé que le gentilhomme français Texier se rend de Constantinople par mer à Tarsous pour faire un voyage de curiosités, avec un certain nombre de domestiques francs, sur le bâtiment de l'état la *Mésange*, et il a demandé que ce gentilhomme, partout où il débarquera sur la côte en route, depuis Constantinople jusqu'à Tarsous, soit logé convenablement; qu'il n'éprouve aucune difficulté ni pour lui-même, ni pour ses effets et ses montures, que les vivres nécessaires lui soient fournis, qu'on se garde bien de le molester en lui demandant la capitation, ou pour tout autre prétexte, que les règles de l'hospitalité soient observées envers lui, et qu'il jouisse d'une pleine et entière protection, conformément aux capitulations impériales.

Mon ordre est qu'il soit agi ainsi que dessus. Vous donc qui êtes les autorités susdites, vous saurez que ce gentilhomme ne doit pas être assimilé aux autres; qu'il est un des grands de la nation française, et qu'il mérite hospitalité et respect. Dans quelque lieu qu'il débarque, en allant de Constantinople par mer à Tarsous avec un certain nombre de domestiques francs, vous aurez soin qu'il soit logé convenablement, qu'il n'éprouve aucune difficulté ni pour lui-même, ni pour ses effets et ses montures, qu'on ne le moleste pas par la demande de la capitation ou sous quelque autre prétexte, que les vivres nécessaires lui soient fournis, qu'il trouve toujours hospitalité, égards et protection, suivant les capitulations impériales. Tel est l'objet de mon présent firman; dès sa réception, conformez-vous-y exactement.

Écrit à la fin de la lune de safer 1251. (20 juin 1835.)

Traduit par le soussigné, secrétaire interprète du Roi.

Signé : ANNIBAL DANTAN.

L'extrait suivant du rapport adressé à M. le ministre de l'instruction publique fait connaître l'itinéraire qu'a suivi *la Mésange* dans l'exploration des côtes de l'Asie Mineure.

INSTITUT ROYAL DE FRANCE.

Voyage scientifique de la goëlette la Mésange *sur les côtes de Caramanie, dirigé par M. Texier.*

La goëlette française *la Mésange*, commandée par M. le lieutenant de vaisseau Lejeune, et ayant à bord M. Texier, voyageur du gouvernement, est arrivée à Smyrne le 10 septembre, de retour de son voyage scientifique sur les côtes de Caramanie.

L'exploration de l'Asie Mineure, ordonnée par le gouvernement français, a donné cette année des résultats importants pour l'archéologie autant que pour la navigation; car *la Mésange* a visité des ports et des golfes peu connus, et en a levé les cartes.

Les provinces maritimes, depuis l'Æolide jusqu'à la Pamphylie, ont été visitées par M. Texier; et ce voyageur qui, bien que jeune encore, a déjà rendu son nom célèbre par de nombreux et utiles travaux, a eu de nouveau dans cette campagne occasion de reconnaître la position, douteuse ou ignorée, de plusieurs villes anciennes.

Le temple d'Apollon Didyme, sur les frontières de l'Ionie, est devenu le centre d'un village considérable qui n'existait pas il y a un siècle. Ce monument était isolé et assez loin d'un autre village nommé Ura. Il est probable, d'après M. Texier, que le nouveau village d'Hiéronda a été formé par la population grecque d'Assem Kale-Si, qui a abandonné cette place. Le temple d'Apollon a été renversé par un tremblement de terre; mais ce qui subsiste encore suffit pour attester la rare perfection à laquelle les arts étaient parvenus en Ionie. Trois colonnes sont encore debout; elles ont 50 pieds de hauteur et servent à faire reconnaître aux navires le cap Arbora, l'ancien promontoire de Neptune.

La ville de Iassus, dont la marine était puissante, subsiste encore en entier. Son théâtre, l'agora, la nécropole et un grand nombre d'édifices publics existent encore dans un bel état de conservation. Cette ville est aujourd'hui déserte ; mais il doit y avoir peu d'années que sa population l'a abandonnée. Les derniers voyageurs qui en parlent y ont trouvé encore des habitants en 1760. On l'appelait Assem-Kalé-Si, nom qui est resté au golfe. Ses murailles en marbre blanc ne servent plus qu'à enclore une forêt naissante.

Les ruines de Bargylia, si longtemps cherchées inutilement, ont été découvertes par M. Texier, au fond du golfe de ce nom, dont jusqu'à présent aucun géographe moderne n'avait soupçonné l'existence. On croyait généralement que Bargylia était située dans le golfe d'Assem-Kalé-Si.

L'entrée du golfe de Bargylia, aujourd'hui Guiuverdjinlik (pigeonnier), est masquée par un groupe d'îles qui sont portées sur les cartes sous le nom de Kabergina. C'est la position de l'ancienne Caryande. Une grande voie militaire que l'on suit pendant 12 lieues conduisait d'Halicarnasse à Mylassa, en passant par Bargylia ; elle est située sur le bord de la mer, soutenue par des murailles dont la conservation est encore complète.

Le golfe de Guiuverdjiulik est séparé de celui d'Assem-Kalé-Si par une longue presqu'île ; il a onze milles de profondeur, depuis l'île de Caryande jusqu'aux ruines de la ville, et cinq milles de largeur. On trouve un fond de vingt brasses dans sa partie moyenne, de cinq brasses à toucher terre. Au fond du golfe est une fontaine abondante, et un petit village commence à s'établir en ce lieu.

La Mésange ayant ensuite relâché dans l'île de Cos, le gouverneur fit proposer au commandant d'échanger un salut de 21 coups de canon avec la forteresse ; ce qui fut accepté sans hésitation. Le gouverneur ayant désiré ensuite obtenir des instructeurs pour ses troupes pendant le séjour de *la Mésange*, le commandant s'empressa de lui envoyer son capitaine d'armes et deux sous-officiers, qui leur firent faire deux jours de suite l'exercice du fusil. Cette circonstance prouve à quel point les idées de civilisation et de réforme, introduites par le sultan, gagnent insensiblement tous les points de l'empire.

Les ports de Gnide au cap Crio et le golfe de Macri ont été relevés par les officiers de *la Mésange*. Ces travaux complètent la reconnaissance de ces côtes, qui n'avait pas été terminée par le capitaine Gautier.

Les ruines de Telmissus, à Macri, déjà visitées par M. de Choiseul et par M. Huyot, méritent toujours l'attention des voyageurs par leur haute antiquité et leur belle conservation. Des portiques à colonnes taillés dans le roc vif et des milliers de tombeaux attestent la grandeur de l'ancienne Telmissus.

La ville de Perga, en Pamphylie, située sur les bords du fleuve Cestrus (Sari-Sos), n'avait pas encore été visitée. Son théâtre, dont une très-petite portion seulement est détruite, est le plus vaste monument de ce genre qui reste de l'antiquité. La scène, les salles des acteurs et les galeries de service, sont encore intactes. Les ornements et les sculptures ont peu souffert des injures du temps. On remarque surtout un large pilastre de marbre formant un des pieds-droits de la scène, sur lequel sont sculptés Apollon et les Muses, enlacés dans des couronnes de laurier. Ce morceau est achevé. Les ruines de la ville sont tellement complètes, qu'on se promène au milieu des édifices publics et dans les rues ornées de portiques. La végétation qui envahit ces lieux est le seul indice qui rappelle que ces monuments ont près de vingt siècles.

Osman, pacha d'Adalia, qui, l'an dernier, avait fait connaître ces ruines à M. Texier, lui fit donner toutes les facilités nécessaires pour les explorer.

En général, dans tous les endroits où *la Mésange* a abordé, elle a trouvé le plus parfait accueil. Les gouverneurs donnaient les ordres les plus sévères pour que rien ne pût gêner l'accomplissement de sa mission.

ACADÉMIE DES SCIENCES.

Tremblement de terre à Césarée.

M. Arago a donné lecture d'une lettre de M. Texier, datée de Smyrne (15 septembre dernier), et qui a trait aux investigations de ce voyageur sur le territoire de Césarée de Cappadoce. M. Texier avait été frappé de l'aspect menaçant de cette contrée, et comparant son état actuel avec la relation de Strabon, il avait cru devoir ranger ces volcans dans la catégorie des terrains d'épanchement dont les phénomènes ont cessé depuis dix-sept siècles; car on ne saurait douter que Strabon en ait été témoin. Mais les terribles effets du feu souterrain n'étaient que suspendus; à son retour de Caramanie, M. Texier apprit qu'un mois auparavant une grande partie de la ville de Césarée avait été détruite, et que vingt villages des environs de cette ville avaient horriblement souffert par suite d'un tremblement de terre.

C'est au pied du mont Argée que les premiers symptômes se manifestèrent : la terre s'ouvrit, et il en sortit d'épaisses colonnes de feu et de fumée; le mouvement d'oscillation dut se faire sentir de l'est à l'ouest : il s'étendit sur une zone d'au moins cinq milles de largeur. Deux mille maisons furent renversées, et tous les habitants auraient péri si la ville eût été entourée de murs : ne rencontrant point d'obstacle à leur fuite précipitée, ils parvinrent presque tous à se sauver, Césarée était pareillement sans murailles du temps de Strabon, qui attribue à la négligence des princes de Cappadoce cette absence de fortifications; mais la vraie cause paraît être dans la nature de la contrée.

La plaine de Césarée est formée d'un lit de tuf parfaitement horizontal, fendillé en tous sens par des espèces de vallées à parois verticales, dont plusieurs se sont rouvertes avec fracas lors du dernier événement et ont vomi des flammes. Un des villages, celui de Komietzi, a été remplacé par un lac. Les témoins de ce désastre ont été tellement effrayés, que M. Texier n'a pu tirer d'eux aucun renseignement précis.

Après un semblable événement, il est permis de douter avec M. Texier que cette contrée ait été en repos depuis les dernières catastrophes dont la mémoire est parvenue jusqu'à nous; mais il est probable que, renouvelées à de grands intervalles, elles ont été oubliées des habitants.

M. Dureau de la Malle a lu une seconde lettre de M. Texier, relative également à ses recherches sur le littoral de l'Asie Mineure. M. Texier a relevé les traces des ruines répandues sur un très-vaste espace par le tremblement de terre survenu sous le règne de Tibère; il a reconnu qu'un grand nombre de colonnes de temples étaient renversées d'une manière uniforme, les pierres rejetées les unes sur les autres comme des piles d'écus. Cela peut répandre du jour sur la direction de ce mouvement intérieur qui fit disparaître en quelques secondes douze cités importantes, il y a dix-sept siècles.

ACADÉMIE DES INSCRIPTIONS ET BELLES-LETTRES.

Rapport fait à l'Académie des inscriptions et belles-lettres, au nom d'une commission nommée par elle, sur un mémoire adressé par M. Charles Texier, envoyé du gouvernement français dans le Levant, à M. le ministre de l'instruction publique, le 1er décembre 1835.

GÉOLOGIE.

Messieurs,

Le dernier rapport de M. Charles Texier, dont l'Académie nous a chargé de lui rendre compte, renferme les observations géologiques qu'il a pu faire en allant de Constantinople à Smyrne, par les îles de la Propontide, la Troade, l'Æolide et la presqu'île Erythrée. Dans ce trajet, M. Texier a visité l'île de Marmara, Cyzique, Alexandrie de la Troade, Assos, le mont Gargara, Adramytte, Pergame, Élée, Pitane et Téos. Les antiquités que présentent les lieux qu'il a parcourus ont été souvent visitées et décrites; mais la géologie de ces contrées était encore à faire. C'est à remplir cette tâche laborieuse que M. Texier s'est spécialement appliqué. Aussi son rapport, d'ailleurs plein d'intérêt, mais pres-

4.

que uniquement consacré à retracer la nature et la formation des terrains qu'il a trouvés sur sa route, a-t-il peu d'analogie avec les matières ordinaires de nos travaux : c'est à l'Académie des sciences qu'il appartient de le juger.

Cependant plusieurs passages de ce rapport nous ont paru mériter votre attention. Nous ne doutons pas que vous n'écoutiez avec plaisir la lecture de quelques observations curieuses sur les divers atterrissements formés par les fleuves de l'Asie Mineure.

« C'est au fond du golfe d'Adramytte, dit M. Texier, qu'étaient situées les plus belles villes de l'Æolide. A peine s'il reste quelques vestiges d'Élée, de Cumes et de Pitane. Il n'est pas jusqu'à la forme des terrains qui n'ait été changée par les atterrissements du Caïque. Tous ces ports sont aujourd'hui comblés, et se trouvent bien loin dans les terres. On reconnaît le double port de Pitane à la langue de rochers qui s'avance dans la mer, au-devant de la ville de Tchauderli ; mais les bâtiments ne peuvent plus y mouiller. On s'étonne qu'un petit fleuve comme le Caïque ait pu former des atterrissements aussi considérables. Il a comblé le golfe au fond duquel était bâtie la ville d'Élée, et a formé, à trois milles et demi de la côte actuelle, des bas-fonds sur lesquels on peut à peine naviguer avec un canot.

« Les villes anciennes situées aux embouchures des rivières sont des jalons certains pour mesurer l'étendue des atterrissements formés par les eaux. Cette action est bien plus puissante dans les petits fleuves de l'Asie Mineure que dans la plupart de ceux d'Europe. Ainsi, le Tibre n'a encore transporté que deux milles de terre en avant du port de Claude, et n'a pas formé de bas-fonds dans la mer. L'Argent a éloigné la mer de six cents toises de l'entrée du port de Fréjus ; et un mille et demi d'atterrissements transportés par le Vidourles en avant d'Aigues-Mortes ne sont encore que des marais presque impraticables.

« L'Hermus, au contraire, indépendamment des immenses terrains cultivés qu'on lui doit, a formé des barres dangereuses devant la vaste entrée du golfe de Smyrne. Le Méandre a fini sa tâche ; il a fait du golfe de Milet un vaste lac, le lac de Bafi, dans les îles duquel on voit cependant des constructions du Bas-Empire, destinées à mettre à l'abri les petites galères, et de l'extrémité N. du lac au village de Sertchinn jusqu'à Ackéui sur le bord de la mer, il y a douze milles de terrains de transport.

« Le Caystre a comblé le golfe d'Éphèse, et le Douden, dans le golfe de Satalie, a formé au pied du Taurus une plaine de six lieues de long sur quatre de large, toute composée de tufs calcaires qui ont l'aspect de madrépores, et qui forme un plateau élevé au-dessus du niveau de la mer, d'où le fleuve se précipite. Aussi les anciens l'avaient-ils nommé la Catarrhacte.

Ce voyage de M. Texier, quoique spécialement consacré à des observations géologiques, n'a cependant pas été sans utilité pour la géographie. De concert avec MM. les officiers de *la Mésange*, bâtiment de l'État que M. le ministre de la marine avait mis à sa disposition, il a levé la carte du grand golfe de Cyzique, qui n'était pas encore faite, rectifié la position d'Artaki (Artace), dans la presqu'île de Cyzique, et celle d'Ægée dans l'Æolide, au fond du golfe de Cumes.

Arrivé à Smyrne, M. Texier, tout en s'occupant à mettre en ordre les observations recueillies pendant son voyage, a trouvé encore le temps de se livrer, dans les environs de la ville, à des investigations précieuses pour l'histoire de l'antiquité. Nous avons pensé que vous entendriez avec intérêt quelques détails qui nous sont parvenus dans une lettre particulière, dont la date est la même que celle du rapport.

Aux portes de Smyrne l'on trouve une nécropole et les ruines d'une ville que la tradition désigne sous les noms de *ville et tombeaux de Tantale*. L'un de ces monuments présente une singularité remarquable : c'est que les huit assises qui le composent à l'extérieur sont d'appareil pélasgique, tandis que les revêtements du couloir qui conduit à la chambre sépulcrale sont en appareil régulier. Mais une observation qui s'étend à tous ces monuments, et qui est de la plus haute importance pour la science, c'est que la structure conique des *tumuli*, leur construction en boutisse, la forme des sarcophages et leur direction de l'est à l'ouest, les portes en pylone, enfin la *pigna*, ou pomme de pin, qui surmonte un grand nombre de ces tombeaux, leur donnent une ressemblance frappante avec ceux de Vulci, de Voltera et de Chiusi : nouvelle preuve à l'appui de la tradition qui fait sortir de l'Asie Mineure les colonies qui ont occupé l'Étrurie, et dont l'une, suivant l'opinion généralement adoptée, est venue de Smyrne même.

L'amiral Massieu de Clairval, qui accompagnait M. Texier dans son excursion à la ville et aux tombeaux, doit mettre à sa disposition des hommes de son équipage pour exécuter des fouilles dans ces monuments. Nous ne tarderons probablement pas à en apprendre le résultat.

Dans la campagne prochaine, M. Texier doit visiter la Caramanie, qui jusqu'ici est peu connue, et le golfe d'Issus, dont la géographie est presque tout entière à faire. L'importance d'une telle exploration nous fait vivement désirer que M. le ministre de la marine veuille bien encore accorder à M. Texier le concours d'un bâtiment de l'État. Les résultats du dernier voyage, si précieux pour la géologie et la géographie, sont de sûrs garants des avantages que M. Texier saurait tirer de cette faveur pour les progrès de la science.

Dureau de Lamalle, rapporteur.

ACADÉMIE DES SCIENCES.

RAPPORTS.

GÉOLOGIE. — *Rapport de MM. Brongniart, Cordier et Élie de Beaumont, rapporteur, sur les recherches géologiques exécutées par M. CHARLES TEXIER, dans quelques parties de l'Asie Mineure, pendant la première moitié de l'année* 1835.

« L'Académie nous a chargés, MM. Brongniart, Cordier et moi, d'examiner un nouveau rapport de M. Charles Texier, relatif à la continuation de l'exploration de l'Asie Mineure, qu'il exécute en ce moment par ordre de M. le ministre de l'instruction publique.

« L'Académie a sans doute conservé le souvenir des communications que M. Charles Texier lui a déjà adressées par suite des voyages aussi productifs que hardis qu'il a faits en 1835 à travers l'Asie Mineure; elle ne peut surtout avoir oublié ses observations sur le mont Argée, ancien volcan voisin de Césarée de Cappadoce, observations qui l'ont mis à même d'apprécier et de commenter les récits du redoutable tremblement de terre dont cette contrée a été le théâtre au mois d'août dernier. (Voir le *Compte rendu*, p. 231, 1835.).

« Le but principal de M. Texier, pendant l'année 1835, devant être de visiter les côtes de l'Anatolie, qu'il avait déjà traversée dans plusieurs directions, M. l'amiral Roussin, notre confrère, ambassadeur de France à Constantinople, mit à sa disposition, au mois d'avril, la goëlette *la Mésange*, pour parcourir les îles et les côtes de la mer de Marmara. Il se hâta de profiter de cette facilité, et dès le 4 avril, *la Mésange* mit à la voile malgré l'état encore peu stable de l'atmosphère. Jusqu'au 19 avril, M. Texier parcourut la côte méridionale de la Propontide et les îles qui la bordent, mais le mauvais temps l'obligea alors de revenir à Constantinople. Vers la fin de juin il reprit cette exploration, et le 25 il passa les Dardanelles pour venir explorer la Troade et le golfe d'Adramitti; il mit alors pied à terre et se rendit par Pergame aux environs de Smyrne, où il se trouvait vers le milieu de juillet.

« Plus tard il parcourut avec *la Mésange* les côtes de la Caramanie; mais les résultats de ce dernier voyage ne sont pas compris dans son rapport actuel.

« Ce rapport contient les résultats des observations géologiques auxquelles M. Texier s'est livré dans deux parties distinctes et séparées de l'Asie Mineure; savoir : 1° sur le littoral méridional de la Propontide et dans les îles et presqu'îles qui la bordent, notamment Prinkipo, Kalolimno, Cyzique, Marmara;

2° sur les parties littorales de l'Asie Mineure depuis la Troade jusqu'aux environs de Smyrne et la presqu'île Érythrée.

« Sur le littoral méridional de la Propontide, M. Texier a quitté *la Mésange* pendant quelques jours pour remonter en canot le fleuve Rhyndacus jusqu'à la ville de Loupad, située à l'entrée du lac Apollonius. Cette excursion lui a permis de constater la nature et la direction des couches calcaires qui forment la chaîne dirigée de l'est à l'ouest parallèlement à la côte. L'observation des matériaux charriés par les torrents lui a fait connaître l'existence de roches trachytiques dans quelques-unes des montagnes de la contrée. Revenu sur la côte, M. Texier a visité avec *la Mésange* la presqu'île de Cyzique, qui est formée de deux chaînes granitiques, courant de l'E. à l'O., comme la chaîne calcaire voisine. Aujourd'hui le massif de Cyzique est rattaché au continent par un terrain d'atterrissement de deux milles de largeur, tandis que dans l'antiquité il n'y était joint que par un pont.

« Plus tard M. Texier visita aussi l'île de Marmara. Il en donne une coupe qui indique plusieurs bandes successives de schiste argileux, de granite, de marbre blanc, de calcaire d'un grain grossier et de terrain de transport, toutes dirigées encore à peu près de l'est à l'ouest.

« Il y a visité en détail le vaste ensemble de carrières de marbre blanc, composé de plus de mille excavations partielles, que les Grecs, les Romains et les possesseurs plus modernes de ces contrées y ont exploitées successivement. Dans toutes ses excursions, M. Texier a mis un soin particulier à rattacher à ses explorations géologiques l'origine des matériaux qui, depuis plus de trente siècles, ont été entassés sur ces terres classiques, dans tant de monuments divers. On conçoit aisément l'intérêt que de pareils documents pourront offrir, en donnant aux recherches archéologiques des bases positives qui jusqu'à présent leur ont le plus souvent manqué.

« Ce double genre d'intérêt s'attache encore aux recherches lithologiques auxquelles M. Texier s'est livré dans la plaine tertiaire de l'ancienne Troade, dans les montagnes trachytiques du cap Baba et du golfe d'Adramitti, sur le site de l'ancienne ville d'Assos, dont il donne une coupe à la fois archéologique et géologique, au milieu des atterrissements rapides du fleuve Caïque qui ont comblé le golfe au fond duquel était bâtie l'antique Élée, et au milieu de ceux du Méandre, qui ont réduit à un lac l'ancien golfe du Milet. Tous les hommes instruits verront avec un vif intérêt les cartes de cette terre homérique se couvrir de teintes géologiques, et sauront gré à M. Texier d'avoir su y éclairer l'une par l'autre la géologie, la géographie physique et l'histoire.

« La crainte d'abuser des moments de l'Académie nous empêchera de suivre pas à pas M. Texier, et de citer dans les environs de Pergame et de Phocée, dans la plaine de Menimen et aux environs de Smyrne, tous les points où il a observé des trachytes et des tufs trachytiques, des grès rouges, des calcaires d'une apparence crayeuse ou d'une texture grossière, des calcaires qu'il regarde comme de transition, des marbres de diverses natures. Nous devons cependant mentionner son exploration de la presqu'île Érythrée, où il a observé avec soin le gisement des calcaires, fixé l'inclinaison de leurs couches, et retrouvé des carrières de marbre exploitées par les Romains, où gisent des blocs taillés pour un emplacement désigné sur leur surface par une inscription latine encore lisible. Nous citerons aussi de jolis croquis topographiques et géologiques d'une portion du cours du fleuve *Pythicus* et de la presqu'île de *Téos*.

« La presqu'île de Téos a fourni à M. Texier, relativement à l'action des tremblements de terre, des remarques curieuses qui terminent son rapport, et qui montrent qu'il ne néglige pas non plus les documents propres à éclairer ce point encore si obscur de la physique du globe.

« Il existait dans la presqu'île de Téos un temple de Bacchus, situé sur une éminence à peu de distance du port. Il était tout de marbre blanc; mais aujourd'hui ce n'est plus qu'un amas de décombres, parmi lesquels on trouve des morceaux de superbe sculpture... « Des voyageurs ont remarqué, dit M. Texier, que les colonnes du temple de Délos, renversées par un tremblement de terre, sont toutes couchées du nord-ouest au sud-est. Ici les tambours des colonnes sont couchés les uns sur les autres, à peu de chose près dans la même direction. Le temple d'Apollon Didyme, dont les colonnes avaient cinquante pieds de hauteur, a été renversé par une catastrophe semblable, mais ses colonnes sont couchées directement de l'ouest à l'est. »

« Ces rapprochements, et quelques autres du même genre sont, de la part de M. Texier, l'objet de réflexions auxquelles ses recherches ultérieures donneront sans doute un nouveau degré d'importance.

Conclusion.

« Le zèle et l'intelligence dont M. Texier a continué à faire preuve dans les observations lithologiques auxquelles il s'est livré dans l'Asie Mineure pendant la première moitié de 1835, nous paraissent mériter tout l'intérêt de l'Académie; et pour répondre aux intentions de M. le ministre de l'instruction publique, qui nous a communiqué ce travail, nous avons l'honneur de proposer qu'une copie du présent rapport lui soit adressée. »

Ces conclusions sont adoptées par l'Académie.

Rapport présenté à l'Académie royale des inscriptions et belles-lettres, par M. Dureau de la Malle, sur les dessins envoyés par M. Texier.

Le premier des dessins envoyés par M. Texier est une vue coloriée des ruines du *Medressé*, ou École de Mahomet II, à Constantinople. M. Texier a cru devoir en faire un dessin arrêté, parce que ce monument est presque le seul qui existe de cette époque à Constantinople. Ce sera à l'Académie des beaux-arts à apprécier la valeur de ce travail.

Le second dessin est une topographie, sur une grande échelle, de la nécropole et de la ville de Temnos, sur le mont Bérécynthe, et du mont Sipyle. Nous avons déjà entretenu l'Académie des antiquités de cette ville, dans notre rapport du mois de mars dernier; mais comme M. Texier nous a annoncé depuis qu'il avait reçu une coopération très-active de l'équipage de la flotte française stationnée à Smyrne, pour la fouille de plusieurs des principaux tombeaux de cette nécropole qui étaient restés intacts, on peut espérer que ces recherches auront produit des résultats importants pour l'architecture et l'archéologie, surtout d'après la ressemblance frappante de ces monuments avec ceux de Volterra, de Vulci et de Chiusi, que M. Texier a signalés dans ses lettres.

Le troisième dessin est un plan de la ville de Nicée en Bithynie, levé au deux millième. M. Texier y a joint une explication par numéros des principaux monuments indiqués dans sa topographie.

« Les murailles de Nicée, dit M. Texier, sont entièrement conservées. Les portes, dont deux construites en blocs de marbre, sont l'ouvrage de l'empereur Adrien. Tout le système de défense de la ville, qui est très-remarquable, est d'une conservation parfaite.

« Strabon, en décrivant cette ville, dit que d'une pierre placée au centre du gymnase, on pourrait apercevoir les quatre portes de la ville sans se déplacer. Au couchant, on voit encore les ruines de l'antique théâtre que Paul Lucas avait pris pour le lieu des assemblées du concile; il est bâti avec des blocs énormes de marbre gris, mais sans ornements.

« Les deux portes principales sont construites en forme d'arc de triomphe; elles ont de chaque côté deux rangs de niches. Les détails sont d'un beau style, et sentent le ciseau grec; les moulures sont sans ornements. Dans l'une et l'autre frise sont placées des inscriptions grecques devenues presque indéchiffrables,

5

moins par le ravage des temps que par la jalousie des empereurs qui effacèrent les noms' de leurs prédécesseurs.

« Les murailles sont construites de débris de monuments plus anciens; des sculptures parfaites y sont employées comme des matériaux bruts : des colonnes, des chapiteaux sont placés pêle-mêle avec des autels et des cippes. Les constructions datent des derniers empereurs grecs, qui ont eu soin d'y faire inscrire leurs noms, afin qu'on admirât leurs chefs-d'œuvre. On lit sur une tour le nom de *Manuel, le grand roi, empereur par le Christ*. Du côté du nord, les murailles sont toutes de marbre, défendues par des tours, construites également de grands blocs de marbre. Les voyageurs voyaient dans ces murs les restes de la ville primitive.

« Une inscription qui n'avait pas été remarquée prouve au contraire que ces travaux sont dus aux empereurs Léon et Constantin. Ainsi ces tours, loin d'être les plus anciennes, seraient presque les plus modernes.

« La défense de la ville consiste dans un fossé, dont les terres forment l'*agger*, revêtu de maçonnerie et défendu par des tours. Derrière l'*agger* est un chemin couvert, au pied du rempart, qui est d'une hauteur double de l'*agger*; les tours de cette première ligne de défense s'ajustent en échiquier avec celle du rempart. Aux portes on voit encore tous les passages des herses, et les moyens de clôture; sur le rempart, le chemin de ronde, conduisant à chaque tour, existe presque en entier : il est dallé de marbre. Les poternes qui conduisaient du rempart dans la ville, les magasins d'armes dans les tours, les créneaux, les terrasses, enfin, tout est conservé, comme au temps du dernier siége. »

Ce plan, levé sur une grande échelle, sera, nous n'en doutons point, fort utile pour expliquer les descriptions que les auteurs byzantins et les historiens occidentaux nous ont données des siéges de Nicée, aux différentes époques de son existence. Nous pensons même qu'il serait fort utile que ce plan fût gravé dans la collection des historiens des croisades que publie l'Académie, et qu'il rendra clairs et intelligibles beaucoup de passages de ces historiens qui, sans son secours, ne nous fourniraient que des conjectures vagues et incertaines. Ce travail consciencieux ne sera pas un des moindres services que le voyage de M. Texier aura rendus aux sciences historiques.

Le quatrième dessin, qui présente les données les plus neuves et les plus curieuses, soit pour l'antiquité, soit pour la géographie, est une topographie de la ville de Pessinunte. La position de cette antique cité était tout à fait inconnue. Les cartes modernes la plaçaient au village actuel de Kahé, qui est situé loin du Sangarius, et ne renferme aucune trace d'antiquités, comme M. Texier s'en est assuré par une exploration attentive.

« Je savais, dit-il, que les voyageurs l'ont cherchée sur les bords du Sangarius, où la placent les géographes. Mais les tables de Peutinger indiquant que cette ville se trouve sur la route de Nicée à Amuria, dont la position est connue, il est évident qu'il fallait la chercher plus au sud.

« Arrivé à *Sévri-Hissar*, je pris quelques informations sur le cours du fleuve, qui est indiqué sur les cartes d'une manière incorrecte, et j'appris qu'à l'orient de la ville, à une distance de trois lieues, il existait des ruines considérables dans un endroit nommé *Baldassar*.

« Après avoir franchi plusieurs collines, je me trouvai sur une crête qui domine une large vallée; c'est là que sont les ruines de la ville, qui couvrent une étendue considérable de terrain : je reconnais *Pessinunte*.

« Les monuments, en effet, étaient nombreux et magnifiques. Dans l'acropole qui domine la ville, on distingue les restes d'une enceinte de marbre. Les débris des portiques offrent encore, au milieu des blocs de marbre accumulés, des fûts de colonnes qui percent le sol. On reconnaît, au milieu des ruines, un grand mur en blocs de marbre blanc, devant lequel sont trois fragments de colonnes cannelées en place. C'était le portique d'enceinte du grand temple; on retrouve çà et là des morceaux de l'entablement.

« La ville était située sur trois collines, à l'intersection de deux vallées. Les environs du temple sont jonchés de débris de colonnes de différents diamètres. On en remarque plusieurs en place; mais comme les portiques étaient sur le penchant d'une colline, les terres se sont accumulées, plusieurs colonnes sont enterrées jusqu'à l'astragale. La colline du sud était occupée par des maisons dont il reste encore quelques murailles.

« Au-dessous du temple, on remarque un grand mur de marbre qui joint une partie circulaire. Cette disposition paraît indiquer la place d'une basilique. Près de là est un portique d'ordre grec; et plus au nord, adossé à la montagne, est le théâtre, dont les gradins de marbre sont encore presque tous en place.

« En face du théâtre, sur l'autre revers de la vallée, est un morceau de bloc de marbre et de colonnes renversées. J'ai lieu de croire que c'était un temple d'Esculape; car j'y ai copié une inscription votive en l'honneur de ce dieu. »

L'inspection du plan, qui est exécuté avec un soin remarquable, donnera, beaucoup mieux qu'une simple description, une idée de tous les monuments de cette ville célèbre.

« Toute la vallée, reprend M. Texier, est dominée par une montagne assez élevée. Il est impossible de ne pas y reconnaître le Didyme, mentionné par les historiens et les géographes anciens.

« Quant au cours du Sangarius, la position des lieux s'accorde parfaitement avec le texte de Strabon. En effet, le fleuve en est éloigné de trois milles ; et de plus, ce n'est pas le grand Sangarius, mais un de ses principaux bras, que dans le pays on appelle en effet *Sakkaria*, et que dans les cartes on nomme, je ne sais pour quelle raison, rivière d'Irmack. Ces ruines se trouvent sur la ligne qui joint Nicée et Amuria.

« J'ai visité tout le bassin du Sangarius, et j'ai acquis la certitude que tout le long du cours de ce fleuve, depuis le confluent du Thymbris jusqu'à Bey-Bazar, il n'a jamais existé de villes. La nature du terrain est un indice suffisant. »

Il est inutile de faire remarquer combien la détermination précise d'un point aussi important que Pessinunte, capitale de la Phrygie, sera utile pour le perfectionnement de la géographie ancienne de cette partie de l'Asie Mineure.

L'architecture et l'archéologie acquerront, au moyen de ce plan, relevé avec un soin minutieux, la connaissance de plusieurs monuments importants d'une grande ville grecque, dont la position même était jusque alors entièrement ignorée.

En résumé, il nous semble que ces différents travaux que M. Texier a trouvé le temps de mettre au net, au milieu des fatigues et des dangers d'un voyage pénible, méritent, par leur importance et leur utilité, l'approbation de l'Académie, et les encouragements qu'un gouvernement éclairé s'empressera sans doute de continuer à un voyageur qui honorera son pays, en faisant connaître plus complétement peut-être qu'on n'avait osé l'espérer, une contrée aussi intéressante, et jusqu'ici aussi imparfaitement explorée que l'Asie Mineure.

Dureau de la Malle, rapporteur.

L'Académie adopte les conclusions de ce rapport.

La commission du budget de l'instruction publique, se fondant sur le témoignage des Académies, proposa unanimement de conserver à M. Texier l'allocation fixée par la Chambre pour continuer ses travaux en Asie Mineure. Le rapporteur, M. Dubois (de la Loire-Inférieure), s'exprime en ces termes à la tribune :

CHAMBRE DES DÉPUTÉS.

Les savants voyageurs et archéologues auxquels ont été partagés les 24,800 fr. désignés pour ce service, justifient par de beaux travaux la libéralité du ministre;

mais nous ne voyons pas pourquoi la chambre ne connaîtrait pas le nom et les œuvres des hommes qu'elle encourage et qu'elle soutient.

La Chambre sera sans doute frappée de voir, outre les 24,800 fr. destinés pour secours réguliers aux voyageurs, une autre somme de 12,000 fr. portée aux encouragements variables, sous le titre de *Voyages scientifiques*. La Chambre se rappellera qu'elle a d'elle-même ajouté ce fonds au budget de 1836, pour encouragement et pour défraiement de l'intrépide et si heureuse excursion de M. Texier dans l'Asie Mineure. L'année dernière, plusieurs de nos savants collègues, membres de l'Institut, célébrèrent à l'envi à vos yeux les précieuses découvertes archéologiques, les travaux d'art et de science qui méritaient votre haute faveur. Le zèle du courageux voyageur ne s'est point ralenti, et le bonheur n'a pas plus manqué à ses récents efforts qu'à sa première et merveilleuse expédition. Les Académies des sciences et des inscriptions et belles-lettres sont dépositaires de ces richesses : il faut poursuivre, et nous ne saurions trop vivement appuyer l'allocation demandée.

MONITEUR DU 7 AVRIL 1836.

Le savant voyageur M. Charles Texier a passé l'hiver à Smyrne dans un loisir studieux, entremêlé, malgré la rigueur de la saison, d'excursions dont profiteront encore l'art et l'archéologie: telle est celle qu'il a faite au tombeau de Tantale, sur le penchant du mont Sipylus. Grâce au concours puissant de M. l'amiral Massieu de Clairval, qui avait mis à sa disposition quarante matelots, il a pu déblayer ce monument si antique. Il a aussi profité, dans cette petite expédition, des indications fort précises de l'amiral, qui lui-même avait visité ces lieux il y a vingt ans, et il a pu de la sorte surprendre encore de nouvelles combinaisons dans cette architecture pélasgique, dont l'accès a été si savamment préparé par M. Petit-Radel, mais où il reste encore bien des points curieux à éclaircir. Un grand nombre doit l'être par le voyage de M. Texier; car c'est sur ce genre de monuments qu'ont porté ses plus remarquables découvertes de l'année dernière.

La renommée s'en est répandue dans le monde savant; et le jeune voyageur vient d'avoir, dans les premiers jours du mois dernier, une preuve bien honorable de l'intérêt que les heureux résultats de son infatigable activité ont attirés sur sa personne et sur ses travaux. S. M. le roi de Bavière, qui n'a passé que deux jours à Smyrne, en a donné un presque tout entier à M. Texier. A peine arrivé sur le bateau à vapeur anglais *la Medea*, ce prince a envoyé le capitaine annoncer sa visite à M. Texier pour le lendemain matin. Examinant avec le plus vif intérêt tous les dessins et les moindres croquis du voyageur français, dont il a suivi, en véritable connaisseur, toutes les explications au sujet de l'art pélasgique, il a donné beaucoup d'attention à ce que M. Texier a trouvé de singulier sur cet art dans les murailles d'Iassus et d'Assos, et dans les tombeaux phrygiens; et il a compris par là tout ce que l'Asie Mineure, ce riche et brillant appendice de l'ancienne Grèce, renferme de trésors d'archéologie.

Le suffrage d'un prince aussi éclairé a donc été doublement précieux à M. Texier, qui a eu l'honneur de prolonger cet entretien bien avant dans le jour; car le roi de Bavière ne s'est retiré qu'à six heures du soir. Une pareille entrevue reporte naturellement l'esprit vers ces beaux temps de la Renaissance, où les artistes, les savants, les poëtes se voyaient honorés fréquemment de la visite et de la familiarité des plus grands princes, qui s'honoraient eux-mêmes par cet hommage rendu au talent. C'est aussi un autre encouragement pour M. Texier de voir la connaissance et l'appréciation de ses découvertes pénétrer par cette voie auguste dans la docte Allemagne, qui semble aujourd'hui en possession de fixer la valeur des travaux d'érudition.

EXTRAIT DU RAPPORT DE M. TEXIER, SUR SON VOYAGE EN CARAMANIE. 1836.

M. Texier a exécuté, cette année, son grand projet de traverser toute l'Asie Mineure, depuis Tarsus jusqu'à Trébizonde. Parti le 29 mars de Smyrne sur le brick *le Dupetit-Thouars*, mis à sa disposition par le ministre de la marine, il a d'abord consacré la première partie de la saison à visiter en détails la province de Caramanie, qui comprend les anciennes contrées de Carie, de Lycie et de Pamphylie. Ces beaux pays, si florissants déjà du temps d'Homère, et qui, pendant toute l'antiquité, furent le théâtre du luxe, des plaisirs, de la civilisation la plus raffinée, qui, devenus tout helléniques par la colonisation grecque et par les conquêtes d'Alexandre, conservaient avec cela la féconde chaleur de l'Orient, ces brillantes sentinelles avancées de l'Asie ne sont aujourd'hui que des déserts aux poétiques souvenirs.

Dans la province de Carie, située sur le continent, en face de l'île de Cos, on trouve plusieurs monuments d'un haut intérêt. Mais (le plus célèbre de tous, le tombeau de Mausole à Halicarnasse, a été remplacée par un château fort : à peine trouve-t-on quelques débris qui aient appartenu à ce monument. Une partie du soubassement et quelques fragments de sculpture encastrés dans les murailles du château, sont tout ce qui en reste. Un petit tombeau qui existe encore dans la ville de Mélasso, peut donner une faible idée du magnifique tombeau de Mausole ; il est formé d'un portique à colonnes porté sur un soubassement qui contient la chambre sépulcrale. Les chapiteaux des colonnes tiennent le milieu entre le corinthien et le dorique, et semblent être un ordre particulier aux Cariens.

Aphrodisias, aujourd'hui Guera, située au centre de la Carie, était célèbre par un temple de Vénus qui est presque entièrement conservé. La ville est entourée d'une enceinte de murailles de marbre blanc, qui ont été restaurées par Fl. Constantin. On a employé dans ces travaux, des débris de monuments plus anciens et des bas-reliefs du style le plus parfait. L'un d'eux, composé de six plaques de marbre, représente la guerre des Titans contre les dieux. Le caractère de ces figures, qui porte l'empreinte d'une haute antiquité, n'a cependant rien de commun avec les écoles de l'Étrurie et d'Égine que l'on reconnaît dans les monuments d'Assos. Ces caractères sont d'autant plus remarquables, que les savants d'Italie sont portés à regarder la civilisation de l'Étrurie comme fille des peuples lydiens. Ce qui est constant, c'est que l'école de la Carie a dû puiser ses principes à une autre source, et que toujours elle a été la rivale de celle de Lydie, sans jamais rien lui emprunter.

Le temple de Vénus à Aphrodisias est d'ordre ionique ; il est périptère et octostyle ; ses colonnes sont cannelées, et portent chacune une tablette avec une inscription qui atteste que plusieurs citoyens ont fait les frais d'élever une de ces colonnes. Les chapiteaux sont simples, peu évidés, et portent l'empreinte d'un travail fort ancien ; ils sont ornés d'une palmette avec un rang d'oves et de perles. Le portique extérieur du temple est d'ordre corinthien ; il était orné de grandes niches alternativement rondes et carrées, et décorées de riches sculptures. Mais le style indique une époque beaucoup plus récente que la construction du temple ; ce portique pourrait bien être du temps des Antonins.

Le stade d'Aphrodisias est encore entièrement conservé. Ces monuments, qui sont si rares dans les anciennes villes d'Europe, sont, en Asie, magnifiques et en grand nombre. Celui d'Aphrodisias a vingt-cinq rangs de siéges en marbre blanc ; la partie supérieure était décorée d'un portique de colonnes avec des arcades. Une chose précieuse dans ce stade, c'est une suite de stèles qui ont supporté les statues des vainqueurs aux jeux, et qui attestent que les citoyens de toutes les villes de l'Asie étaient appelés à y participer.

De l'autre côté du temple est le théâtre : c'est le seul exemple, dans les nombreuses villes anciennes de l'Asie, d'un stade et d'un théâtre situés dans des quartiers différents. Entre ce théâtre et le grand temple qui fait le centre de la ville, se trouve l'Agora, où se voient encore aujourd'hui plus de quarante colonnes de marbre blanc portant l'entablement le plus riche. Ces colonnes sont d'ordre ionique et cannelées. L'entablement est orné de génies qui soutiennent des guirlandes. Au bout de l'Agora il existe un vaste édifice bâti de gros quartiers de pierre, qui a été probablement la basilique.

En quittant la Carie, la première ville que

l'on rencontre sur la frontière de la Lycie est Telmissus. Cette ville, située au fond d'un golfe immense, s'élève en amphithéâtre au milieu de jardins et de palmiers; une nécropole taillée dans le roc la couronne. La nature de cette contrée, comme les monuments de cette ville, diffèrent tellement de la province de Carie, qu'il semble qu'on arrive sur un autre continent. Ce qui frappe d'abord les regards en arrivant à Telmissus, est un immense théâtre taillé dans le flanc d'une montagne. La scène, cette portion des théâtres anciens qui est si rarement conservée, offre des parties du plus grand intérêt. Les cinq grandes portes, dont les architraves et les pieds-droits sont composés d'une seule pierre, existent encore en entier. On pénètre dans les corridors de service de la scène qui passait au-dessous du *thymélé*, et qui étaient nécessaires pour le jeu des machines. La scène elle-même ou le proscenium était en bois. Chaque porte était placée entre un couple de colonnes portées sur des piédestaux et qui soutenaient un ordre supérieur.

La ville de Telmissus était située entre le théâtre et les tombeaux. Il n'en reste aujourd'hui que les murailles du port et l'acropolis. Mais la ville des morts, presque entièrement taillée dans le roc, conserve encore des monuments très-intéressants. Le grand tombeau d'Amyntas est d'une conservation parfaite. Il est taillé dans la partie nord du mont Dædala qui domine la ville, et commence la longue chaîne du mont Taurus. Deux colonnes d'ordre ionique décorent son portique, et la porte est curieusement travaillée pour imiter une porte de bronze avec ses barres et ses clous. Il y a trois tombeaux à portiques et à frontons. L'un d'eux porte une courte inscription grecque; le second, qui, selon toute apparence, était décoré de peintures, offre sur le mur droit de son portique une inscription en langue lycienne. Ces caractères, qui ne ressemblent ni au grec, ni au phrygien, ne se trouvent que dans la Lycie et jusqu'aux dernières limites de la Pamphylie.

Les autres tombeaux de Telmissus, qui sont innombrables, se rapprochent plutôt du caractère des monuments babyloniens. Leur façade imite une construction en bois avec des solives engagées les unes dans les autres; l'entablement est soutenu par différents cylindres qui présentent la partie circulaire sur la face.

La ville de Patara, métropole de la Lycie, est aujourd'hui dans un lieu absolument désert; cet abandon a contribué à la conservation de ses monuments qui sont nombreux et remarquables. Le théâtre, dont la scène est entièrement conservée, a été construit par Adrien, et a reçu des embellissements de la part d'une dame du pays, Q. Lælia Titiana, qui a fait restaurer la précinction, et fait placer des statues dans différents portiques. Une longue inscription grecque donne tous les détails de ces différents travaux, et se termine par un décret du sénat et du peuple qui accepte cette donation.

Les différents édifices qui restent de l'ancienne ville de Patara, sont situés dans une plaine sur la rive gauche du port. On y remarque un petit temple prostyle dont la porte, décorée avec profusion, est un chef-d'œuvre de sculpture; plusieurs palais, et un grand arc de triomphe qui servait de porte de ville du côté du nord. Les tombeaux de la nécropole sont presque tous de l'époque romaine; les uns sont de simples sarcophages, les autres sont des mausolées avec soubassement couronné par une colonnade.

La ville de Xanthus, aujourd'hui ruinée, se trouve à peu de distance de Patara; son emplacement se reconnaît à quelques inscriptions en langue lycienne, gravées sur des tombeaux, mais les grands monuments ont tous disparu.

La ville d'Antiphellus est située entre deux ports nommés aujourd'hui *Sevedo* et *Vathi*. En entrant dans le port *Sevedo*, les regards étonnés s'étendent sur une des plus vastes nécropoles de l'Asie Mineure. Les innombrables tombeaux s'élèvent sur les pointes des rochers; il y en a dont le pied est baigné par la mer, comme si le terrain eût manqué à la population. Ces tombeaux se divisent en trois classes : les uns en forme de sarcophages, les autres taillés dans le roc et ornés de pilastres et de frontons dans le style grec; les derniers enfin, offrant le caractère lycien. Les sarcophages portent des inscriptions grecques ou lyciennes, et quelquefois en l'une et l'autre langues. Les tombeaux ornés de pilastres n'offrent que des inscriptions grecques. Enfin, les tombeaux taillés dans le roc n'ont que des inscriptions lyciennes.

La ville d'Antiphellus est entourée de fortes murailles qui, du côté de la mer, forment des terrasses et supportent des édifices. Du côté de la terre, les murailles sont de construction pélasgique. L'Agora forme une esplanade élevée qui domine la mer; elle était entourée de portiques d'ordre dorique; près de là est la basilique dont

il ne reste plus que les murailles et le pavé en mo-
saïque. Le théâtre qui avoisine l'Agora est dans
le style grec; la scène était en bois; il n'en reste
plus le moindre vestige, mais tous les gradins
existent encore.

Pour visiter l'intérieur de la Lycie, écrit
M. Texier, nous franchîmes des montagnes sans
nom et des vallées inconnues, pendant tout un
jour, à la fin duquel nous arrivâmes à Phellus.
Le temps avait été constamment brumeux; nous
avions marché presque continuellement au milieu des nuages, lorsque le guide nous annonça
que nous nous trouvions à Echoucourba, c'est le
nom des ruines de Phellus. Le soleil, en se couchant, dissipait le brouillard; nous eûmes du
haut de ce mont, le plus beau spectacle qu'on
puisse imaginer. Les nuages, qui s'élevaient
comme des gazes d'opéra, mettaient à découvert
les imposantes ruines de Phellus, ses tombeaux
gigantesques, isolés sur un plateau, et cependant taillés aux dépens de la montagne; les murailles de la ville dominant sur un précipice sans
fond, où les nuages roulaient, comme l'écume
d'un torrent, et derrière tout cela les lignes aus-
tères du Cragus qui se découpaient sur le bleu du
ciel. C'était un beau et triste spectacle. Tout à
l'entour nous n'apercevions que des ruines, et
sous nos pieds les sommets des plus hautes forêts formant un tapis de verdure.

La ville de Phellus occupait un plateau long
et étroit au sommet d'une montagne presque
inaccessible, à mille sept cents pieds au-dessus
du niveau de la mer. Elle est entourée de fortes
murailles et de tours carrées qui dominent des
précipices effrayants. L'intempérie des saisons,
plus grande ici que dans la plaine, a contribué
à la destruction des édifices. A cette hauteur, la
neige couvre les montagnes une grande partie
de l'année. On a peine à concevoir comment à
une époque aussi reculée, une population a pu
choisir ces lieux pour s'y établir et y construire
tant de monuments gigantesques. La nécropole,
située vers cette partie du plateau qui domine la
mer, offre des chambres sépulcrales de grande
dimension, figurant des édifices dans le goût des
Mèdes et des Babyloniens, et taillées pour la
plupart dans un énorme bloc de rocher. L'extérieur de ces tombeaux représente une structure
en bois; les couronnements sont ornés de pierres
en saillie qui ont la forme de becs d'ancre.

Tout est désert aux environs des ruines de
Phellus; jamais les tribus des Turcomans n'ap-
prochent de ces lieux abandonnés. A partir du
village de Bounar-Bachi, situé sur le versant
nord du mont Cragus, on rencontre une grande
vallée de douze lieues de longueur, au milieu de
laquelle est située la ville de Cassaba, résidence
du Mousselim qui gouverne la Lycie. Cette ville,
quoique assez considérable, n'est portée sur aucune carte.

Là aussi quelquefois, comme M. Dureau de la
Malle l'avait fait remarquer au sujet des ruines
de Carthage, les plus antiques sont celles qui
ont le mieux résisté aux ravages du temps. « A
Myra, qui fut enrichie outre mesure, dit notre
voyageur, par les empereurs grecs, dont les
murailles furent bâties de marbre, qui fut dotée
de riches églises et de monastères, il ne reste
plus rien de cette ville byzantine; à peine si l'on
peut suivre, au milieu des buissons, les traces
de ces murailles, tandis que de la Myra primitive, de celle qui fut habitée par les Lyciens et
par les Romains, il reste des monuments nombreux et remarquables. »

En suivant la rivière qui passe au pied de la
montagne de Sembra, on arrive aux ruines de
la célèbre cité de Myra, déclarée métropole de
la Lycie sous l'empereur Théodose. Le théâtre
est construit en pierres de taille de grand appareil, et entouré d'un double rang de portiques;
la scène, qui est en grande partie conservée, est
ornée de colonnes de granit d'ordre composite,
soutenant un entablement richement sculpté;
les plafonds de la scène, formés de grandes plaques de marbre, sont ornés de masques tragi-
ques et de sujets relatifs aux jeux. Les gradins,
au nombre de vingt-huit, sont divisés en deux
précinctions séparées par un podium.

La scène a cent cinquante pieds de longueur,
et le diamètre total du théâtre est de quatre
cents pieds; sa hauteur devait être de soixante,
lorsque les deux ordres placés l'un sur l'autre
existaient encore.

Les innombrables tombeaux de Myra ont le
même caractère que ceux de Phellus et d'Antiphellus; mais, de plus, ils sont ornés de sculptures qui attestent que les arts, dans ces contrées, avaient atteint une certaine perfection. La
plupart des bas-reliefs qui ornent les tombeaux,
tous taillés dans le roc, représentent l'histoire
du mort dans une suite de scènes de grandeur
naturelle. Ces tombeaux étaient décorés de peintures, et les bas-reliefs eux-mêmes étaient colo-
riés. Tous les tombeaux de Myra portent à peu
près le même caractère; mais ils varient par les
inscriptions et les bas-reliefs dont quelques-uns

représentent des portiques sous lesquels sont sculptés des combats d'animaux ou bien des divinités bizarres.

Myra ne fut jamais port de mer; les bâtiments venaient aborder à Andriace, distante d'une lieue de Myra; c'est là que l'empereur Adrien fit construire un vaste grenier qui existe encore aujourd'hui avec sa dédicace.

En naviguant vers la grande île de Cacamo, on voit sur le continent un château fort ruiné qui, avec le village qui l'entoure, occupe la place de l'ancienne ville d'Aperlæ; presque toutes les maisons antiques qui restent sont construites en style pélasgique. Dans le château, qui est lui-même bâti sur des fondations antiques, il existe un théâtre entièrement taillé dans le roc. Quant à la nécropole d'Aperlæ, elle est située sur la montagne à l'est du château, et consiste en un assez grand nombre de sarcophages portant presque tous des inscriptions. Entre les rochers qui se trouvent dans l'intérieur de la ville, on voit quelques tombeaux de style lycien.

Nous ne parlerons pas des ruines de l'ancienne ville de Cyane, mais nous ne passerons pas sous silence les monuments assez considérables d'Olympus et de Phaselis. Olympus est située à quelque distance dans les terres; on y remarque encore un petit temple presque entier. Les restes du stade couvrent un espace de terrain assez considérable. Une quantité de piédestaux portant presque tous des inscriptions attestent que les jeux d'Olympus avaient une certaine célébrité. Le reste des ruines se compose d'une quantité de portiques qui à eux seuls suffiraient pour témoigner de la richesse de cette antique cité.

La ville de Phaselis était située au bord de la mer; elle avait deux ports dont les indications subsistent encore. Une grande portion du pourtour des murailles construites en gros blocs de pierre calcaire, reste encore debout; mais souvent les traces ne se trouvent qu'à la surface du sol. A l'intérieur de la ville, on parcourt avec intérêt les ruines de l'Agora et de longs portiques qui communiquaient avec un temple.

En remontant plus vers le nord, on arrive au golfe de Satalie. Il paraît démontré que la ville de Satalie, appelée Adalia par les Turcs, occupe l'emplacement de l'antique Olbia, malgré la ressemblance de son nom avec celui de l'ancienne Attalia. Mais cette ville, qui appartient à la Pamphylie, était située un peu plus vers l'est.

En quittant la Lycie, on remonte encore un peu plus vers le nord, et l'on entre dans la Pamphylie. L'inspection seule des monuments atteste que cette province a été habitée par un peuple différent des Lyciens, car on ne retrouve aucun monument ni inscription analogues à ceux de la contrée voisine. Toutes les ruines de la Pamphylie ont un caractère hellénique très-pur, et sont remarquables par le fini de leur exécution.

Perga est située à soixante stades de la mer sur le bord du fleuve Cestrus, dans un vallon délicieux, au milieu duquel s'élève un monticule de forme carrée et couronné par un vaste plateau. C'est là qu'était situé le temple de Diane Pergæa, dont aujourd'hui il n'existe plus que le portique d'enceinte. Le temple a été démoli et remplacé par une église chrétienne. Diverses ruines répandues sur l'esplanade appartenaient aux *hospitia* construits aux environs du temple pour recevoir la foule qui venait chaque année des villes voisines pour assister aux grandes fêtes de Diane, comme nous l'apprend Strabon (1).

La ville de Perga est construite au pied de ce monticule : c'est un de ces rares débris de l'antiquité qui a subsisté jusqu'à nous, comme pour attester à quel point le luxe des arts était parvenu dans ces provinces aujourd'hui désertes. L'enceinte des murailles est complétement conservée; les tours, bâties avec un soin et une régularité admirables, sont couronnées par des frontons et non pas par des créneaux. Si l'on entre dans la ville par la porte de l'ouest située au pied du monticule, on voit à droite un grand édifice bâti en pierres de taille et composé de sept grandes salles voûtées; ces salles sont éclairées par d'énormes fenêtres carrées dont les architraves sont soutenues par des pilastres. Toutes ces salles étaient décorées de marbres et de peintures dont il reste de nombreux débris; des corniches sculptées ornaient les impostes, et les voûtes étaient formées de caissons. Un aqueduc donnant un volume d'eau considérable et se divisant dans plusieurs salles particulières, semble attester que cet édifice contenait les bains publics. L'extérieur est entouré d'un portique sous lequel existe un certain nombre de boutiques; ce portique s'emmanche avec un autre de quatre cents pieds de longueur, qui longe un vaste palais composé d'une multitude de chambres toutes de même forme, et qui paraît avoir servi aux écoles publiques. Sa façade est ornée de grands

(1) XIV, p. 667.

6

pilastres de marbre blanc avec des chapiteaux corinthiens. Le long portique est décoré de colonnes de granit que l'on retrouve soit en place, soit couchées sur le sol. Ce portique est coupé à angle droit par un autre portique dans la direction nord et sud qui traverse toute la ville; il aboutit d'un côté à la basilique, et de l'autre à un édifice somptueux dont la destination est difficile à déterminer. Il est demi-circulaire; dans l'intérieur se trouvent deux rangs de niches ornées de colonnes et d'entablements de marbre; à l'extérieur, un peu en arrière, s'élèvent deux hautes tours circulaires. Enfin, sur le devant de l'édifice, on voit les ruines d'un frontispice en marbre qui paraît avoir eu la forme d'un arc de triomphe. Les douze niches de l'étage inférieur étaient peut-être destinées à renfermer les statues des douze grands dieux, tandis que les divinités du second ordre auraient pu être placées dans les niches supérieures. Dans ce cas, on pourrait présumer que cet édifice est le Panthéon de Perga; il est juste cependant d'avouer que dans une telle supposition on ne comprend pas l'utilité des tours qui n'ont pu servir à la défense, puisque ce monument occupe presque le centre de la ville. D'un autre côté, la richesse de sa construction repousse l'idée d'un bâtiment militaire.

A peu de distance de cet édifice, du côté du couchant, se trouvent les ruines d'un petit temple hypètre dont toutes les colonnes d'ordre dorique cannelées sont encore en place.

En se dirigeant à l'ouest, on arrive au théâtre, qui est vaste et magnifique; toute la scène, formée en pierres de grand appareil, existe encore; la salle des mimes est une galerie voûtée en plein cintre, ornée de pilastres doriques; cinq portes conduisent sur la scène, qui est malheureusement obstruée par une masse de maçonnerie tombée de la partie supérieure. Deux ordres d'architecture, l'un corinthien, l'autre composite, ornaient la scène; les pilastres sont richement sculptés; ils présentent, au milieu de rinceaux de feuillage, de nombreuses figures de divinités. L'hémicycle est entièrement conservé: il a vingt-six rangs de gradins, la partie supérieure est ornée d'un portique en marbre blanc d'ordre ionique.

Près du théâtre est le stade, dont la conservation est telle qu'on pourrait encore aujourd'hui même y donner des courses; les gradins sont supportés par soixante-onze arcades; la longueur totale de l'édifice est de huit cent trente-cinq pieds sept pouces; c'est le plus beau stade connu.

La nécropole de Perga forme autour des murailles plusieurs voies ornées de monuments funéraires.

Après avoir visité les ruines de Perga, il paraissait difficile de rencontrer les restes d'une ville qui pussent entrer en rivalité avec elles. Tout ce qui tient aux jeux de la scène était plutôt soupçonné que défini avec certitude; la couverture du théâtre, sa décoration, le jeu des machines, l'agencement du *thymélé*, étaient autant de dispositions fort sujettes à controverse; car on n'a pas encore vu un théâtre antique parfaitement intact. Une ville de Pamphylie, inconnue jusqu'aujourd'hui, renfermait ce curieux trésor.

Strabon (1) nous apprend que la ville d'Aspendus était située sur les bords du fleuve Eurymédon, dont l'embouchure se trouve sur la côte, immédiatement après celle du Cestrus; c'était donc en remontant le fleuve Manavgat qu'on devait chercher les ruines d'Aspendus. En effet, des renseignements pris chez les Turcomans firent connaître qu'il existait, non loin du fleuve et à six lieues de la mer, de vastes ruines qu'ils appellent Balkis-Seraï (le palais de la fille du miel).

Ce palais est le théâtre d'Aspendus. Rien ne manque absolument à ce magnifique édifice, excepté les battants des portes, le plancher et les décorations mobiles de la scène, et ce public vif, spirituel, des Grecs asiatiques, applaudissant une tragédie d'*Euripide*, une comédie de *Philémon* ou de *Ménandre*, charmant le loisir de l'intervalle de deux pièces par le récit d'une fable milésienne, par l'éloge ou la critique de la dernière déclamation du rhéteur en vogue, par quelques dictons moqueurs sur les peuples des provinces voisines, tels que les habitants de Soles en Cilicie, qui par leur mauvaise prononciation du grec avaient fourni l'étymologie du mot *solécisme*. L'imagination peut facilement replacer cette assemblée brillante dans le vaste hémicycle composé de deux précinctions et de vingt-neuf gradins, la première précinction entourée d'une galerie, et l'édifice couronné d'un portique de cinquante arcades. Mais c'est toute la partie de la scène, qui, conservée intacte, donne l'importance d'un événement archéologique à cette découverte de notre savant et heureux voyageur. Aussi devons-nous conserver ici les propres paroles de sa description :

(1) XIV, p. 667.

« La scène est ornée de deux ordres de colonnes, ionique et corinthien. Le rang inférieur à douze colonnes de face; elles sont en marbre blanc veiné de rouge. L'entablement est orné de la plus riche sculpture; dans la frise sont des têtes de victimes, couronnées de guirlandes; entre les entre-colonnements, de petites niches ornées de frontons d'une extrême délicatesse de sculpture et dont la conservation a lieu d'étonner. Cinq portes conduisent de la salle des mimes sur la scène; elles étaient décorées de chambranles à consoles, qui ont été enlevés. L'ordre supérieur est supporté sur des piédestaux très-bas; chaque couple de colonnes supporte un fronton. Celui du milieu est orné dans son tympan d'une statue de femme nue qui tient des rinceaux de feuillage. La pose de cette figure est très-gracieuse. » Nous dirons tout à l'heure quel effet cette statue a produit sur l'imagination des Turcomans.

« La scène était couverte par une toiture en charpente, dont l'inclinaison est dirigée vers le mur. Le vide qui existait entre le toit et le plafond de la scène servait pour quelques machines: cette espèce de comble communique de plainpied avec la salle supérieure. On voit encore les attaches des solives et la trace de la pente du toit qui indiquent parfaitement cette disposition. Tout le reste du mur de la scène était couvert par des peintures et des placages de marbre. La scène sur laquelle les acteurs se tenaient était aussi en bois, et s'étendait jusqu'aux deux vomitoires latéraux. »

Pour que rien ne manque à ce monument des arts de la Pamphylie sous la domination romaine, tous les renseignements sur sa fondation se trouvent dans des inscriptions qui, transcrites sur place, deviendront elles-mêmes des monuments intéressants de l'épigraphie. « Deux grandes portes latérales conduisent dans les galeries intérieures; elles portent des inscriptions qui nous apprennent que ce monument est dû à la munificence d'Aulus Curtius Crispinus, qui légua par testament les sommes nécessaires à sa construction. Ce furent Titianus et Arruntianus qui furent les exécuteurs testamentaires. Une autre inscription, placée sur un piédestal dans l'intérieur du théâtre, fait connaître que Zénon fut l'auteur et l'architecte. Il était en même temps directeur des travaux de la ville. La même inscription apprend que ce chef-d'œuvre lui mérita les suffrages de ses concitoyens, au point qu'ils lui élevèrent une statue dans le théâtre, et lui firent présent d'un jardin près de l'hippodrome. »

Nous avons dit que la statue qui orne le fronton du milieu de la scène avait frappé les Turcomans. Ce furent leurs récits qui firent connaître à notre voyageur, entièrement familiarisé aujourd'hui avec la langue turque, « qu'il existait, non loin du fleuve Manavgat et à six lieues de la mer, de vastes ruines qu'ils appellent Balgis-Seraï (le palais de la fille du miel). Ils content, à ce sujet, une histoire digne des Mille et une Nuits. Ce palais, disent-ils, fut bâti par le roi des serpents pour la reine du miel, qui régnait dans la forêt voisine. Les malheurs de cette pauvre reine font frémir. Vaincue et prise par le roi des serpents, elle mourut en laissant au monde une fille d'une grande beauté. Le prince lui fit construire le palais que vous voyez; le portrait de la jeune princesse est sculpté sur le fronton qui le domine.

« Ce palais est le théâtre d'Aspendus, dont la grandeur et la richesse surprennent les sauvages habitants de cette contrée, au point qu'ils ne peuvent en attribuer la construction qu'aux génies. Ils regardent généralement les autres ruines comme des constructions génoises. »

Cette belle promenade archéologique le long des côtes occidentales et méridionales de l'Asie Mineure, faite avec le brick *le Dupetit-Thouars*, qui déposait successivement M. Texier dans l'Ionie, dans la Carie, dans la Lycie, dans la Pamphylie et dans une partie de la Cilicie, surtout le littoral qui s'étend depuis Smyrne jusqu'à Tarsus, et des pointes plus ou moins avancées dans l'intérieur, furent la partie agréable de son exploration de cette année.

A Tarsus, où il quitta la mer Égée pour ne plus se rembarquer que sur l'Euxin, après avoir traversé toute l'Asie Mineure, les dangers, les privations de tout genre viennent exiger de notre voyageur cette persévérance dont il avait fait preuve dans les plus dures situations des deux précédentes années. Les périls qu'il allait avoir à courir étaient tels, que le pacha d'Adana ne voulut pas le laisser partir sans une forte escorte, et donna des ordres pour que le gouverneur de chaque district l'augmentât d'un certain nombre d'hommes.

Les ruines d'Anazarba, où ils arrivèrent d'abord, ne lui parurent pas répondre à leur renommée. « Ceux qui les ont vues de loin, dit-il, ont dû croire qu'elles étaient très-importantes, mais il ne reste absolument que les murailles, situées dans la plaine, et un château bâti par les rois d'Arménie, qui s'élève sur la montagne. Ces ruines sont désertes; nous n'avons pas eu besoin de moins de quarante hommes d'escorte pour les visiter en sûreté. En quittant Sis, la ville la plus voisine des ruines, le gouverneur, d'après les ordres du pacha d'Adana, s'opposa formellement à ce que nous prissions la route directe de Marasch, comme étant trop dangereuse. Nous nous enfonçâmes donc dans le Taurus, et nous allâmes trouver un bey des Turcomans, allié de Mehemet-Ali, qui était invité à protéger notre passage. Nous fûmes assez tranquilles, tant que nous nous trouvâmes dans ses environs; mais en approchant de la frontière du sultan, nous tombâmes au milieu des tribus zorbas, c'est-à-dire révoltés, et nous ne marchâmes plus que dans l'attente d'être attaqués à chaque moment. Cependant, malgré mon Tartare et les hommes de mon escorte qui voulaient que nous prissions une attitude défensive, j'ai toujours préféré me rendre aux tentes des tribus et traiter directement avec les chefs. Je suis content d'avoir adopté ce moyen, puisqu'il m'a réussi; mais cent fois j'ai dû m'interposer pour éviter une collision entre mes gens et ceux de la tribu, qui n'écoutent guère plus leurs chefs que le sultan Mahmoud. En effet, ces montagnes sont la limite entre les terres de Méhémet-Ali et celles du sultan; et quand une tribu a fait quelque mauvais coup, elle plie ses tentes et se retire sur les terres voisines, pour n'être pas inquiétée. Nous fîmes ainsi quatre-vingt-quinze lieues dans le Taurus.

« Dans ces défilés sauvages, on a les moyens d'échapper à l'ennemi; il n'en est pas de même dans les plaines qui séparent les montagnes de la ville de Malathia. Ici il faut se montrer de front; aussi mon escorte s'augmentait sans cesse, à mesure que le danger croissait, et en arrivant à Malathia j'étais comme au milieu d'une petite armée. J'avais assez de confiance en ces soldats, parce que les Zorbas que nous devions combattre sont leurs ennemis. Ceux-ci avaient laissé des traces de leurs prouesses jusqu'aux portes de Malathia; ils avaient massacré, quatre jours avant notre arrivée, un hadji persan avec toute sa suite. Nous passâmes sur le lieu même de la scène, et déjà les vautours avaient commencé à dépecer les chevaux restés sur le champ de bataille. On voulait passer de nuit, mais j'ai tenu au contraire à traverser en plein midi cette plaine si dangereuse, parce que nous pourrions découvrir de loin ces cavaliers ennemis, que d'ailleurs c'est l'heure du Kief et de la chaleur,

et qu'à cette heure, ils ne s'exposent pas volontiers au soleil. Je traversai ainsi tranquillement ce dernier et difficile passage.

« Le bey Zorha a été attaqué, l'an dernier, par Réchid-pacha, mais il a dans un des sommets du Taurus une cassaba que le pacha n'a pu prendre; et depuis que Réchid-pacha est parti pour Bagdad, le bey recommence ses courses, et pille tous les villages environnants. On ne saurait se faire idée de l'affreuse misère qui règne dans ces contrées. Ce n'est qu'avec la plus grande peine que nous pouvions nous procurer des vivres. »

Ces détails sur la situation d'une contrée si peu connue nous ont paru trop instructifs pour devoir être omis. D'ailleurs, cette partie du voyage de M. Texier, comme le prouve toute sa correspondance que nous avons sous les yeux, est surtout remarquable par les tribulations du voyageur et par ses remarques sur la nature du pays et sur l'état extraordinaire des populations. A défaut d'observations archéologiques, la géographie lui a fourni d'heureuses rectifications, comme celle du fleuve Sarus, le plus important de la Cilicie, et auquel on donne à peine un cours de quarante lieues, quand il en a plus de cent. M. Texier n'a pas plus négligé, dans cette pénible excursion, les observations géologiques, qui avaient déjà offert, par ses communications à l'Académie des sciences, des résultats si honorables pour sa sagacité.

Enfin notre intrépide voyageur atteignit au commencement d'août les côtes de la mer Noire; et le 9 du même mois il avait la joie d'écrire : « Lorsque du sommet du mont Zéchès nous avons aperçu la mer Noire, nous avons fait comme les soldats de Xénophon; nous nous sommes mis à courir et nous sommes arrivés ventre à terre à Trébizonde. »

Il y a deux mois que M. Texier a été rappelé à Paris. Pendant les quatre années de ce docte voyage, à combien de périls n'a-t-il pas échappé; nous ne dirons pas par miracle, mais, ce qui est plus vrai et meilleur pour sa gloire, par sa constance, son intrépidité et son esprit fécond en ressources ! Il a dû plus d'une fois tourner les yeux avec une bien pénible anxiété vers cette France, à laquelle il destinait les fruits de toutes ses découvertes, le résultat de ses investigations si variées; où l'approbation de ceux qui lui avaient tracé sa marche, par les conseils d'une érudition communicative, qui l'avaient efficacement secondé de leur pouvoir éclairé, qui l'avaient accompagné, soutenu de leur sympathie, lui offrait sa véritable récompense. Enfin, après avoir échappé aux hordes indomptées et toujours en armes des terribles Kurdes, aux fléaux plus terribles encore de la peste et du choléra, le voilà revenu à Paris, accueilli à l'Institut par un intérêt qui s'accroît, chaque jour, de l'importance de communications, dont les Académies des sciences, des inscriptions et des beaux-arts reçoivent alternativement le tribut.

Les éloges que nous croyons devoir accorder ici à M. Ch. Texier n'étonnent pas les personnes qui se rappellent de combien d'honorables suffrages il a été l'objet. Cette partie avancée de l'Orient, cette Asie hellénique, dont les traditions historiques forment déjà le lien entre la civilisation d'où provient la nôtre et celle de l'antique Asie orientale ; ce même pays qui, aujourd'hui, par l'incroyable hardiesse du sultan, se présente encore comme l'intermédiaire éclairé qui doit rapprocher l'une de l'autre les deux civilisations actuelles et leur ouvrir une source immense de progrès réciproques, ce pays ne possède pas une grande notabilité qui n'ait accordé à M. Texier des marques de son estime. Tout ce que la cour du sultan renferme d'éminents personnages, tout ce que la diplomatie européenne compte de nobles représentants, ont fait au voyageur français un accueil qui les honore autant que lui.

De retour à Constantinople, M. Texier est admis à l'audience du Grand Seigneur, et il a l'honneur de mettre sous les yeux de Sa Hautesse la carte qu'il a dressée de ses Etats d'Asie. Le sultan examine ce travail avec une attention et une satisfaction marquées, dont il fait donner sur l'heure le plus éclatant témoignage à notre voyageur.

A sa sortie de l'audience, M. Texier reçoit des mains du secrétaire de Sa Hautesse, en signe de sa haute approbation, la décoration du Nicham, ou chiffre impérial, en or, entouré de diamants. Le *bérat*, ou diplôme expédié à la chancellerie de la Porte, écrit avec toute l'élégance de la calligraphie arabe, présente en haut, tracée en or, la complication de ce chiffre révéré. Cette pièce est conçue dans des termes dont la noble simplicité est l'expression la plus juste du genre d'esprit grand et judicieux de Mahmoud. Voici la traduction qu'en a faite notre premier drogman, M. Annibal Dantan, secrétaire-interprète du Roi :

« Bérat de Texier,

« Le chiffre noble et impérial, le signe éminent et suprême porte ce qui suit :

« Les grands souverains ayant la généreuse
« habitude d'honorer le mérite, comme le porteur
« du présent diplôme impérial, Texier, membre
« de l'Académie de France, venu dernièrement
« à Constantinople, est un homme distingué par
« ses connaissances, une décoration lui a été don-
« née de ma part, d'après ma volonté, pour être
« un témoignage de la considération que j'accorde
« à de telles personnes, et un titre de gloire parmi
» ses semblables. Il a été en même temps jugé
« digne d'obtenir ce bérat.

« Ecrit au milieu de la lune de cheval 1252. »
(Fin de janvier 1837).

Après avoir terminé aussi honorablement son séjour à Constantinople, M. Texier est retourné à Smyrne, où il a frété un bâtiment qui l'a conduit à Malte. Maintenant que le voilà tranquille à Paris, où des secours scientifiques de tout genre vont lui permettre d'élaborer avec soin les matériaux divers dont ses dessins, ses plans, ses notes, ses souvenirs l'ont si richement approvisionné, il va justifier par l'exécution de son grand ouvrage ce qu'il a trouvé d'appui, de sympathie et d'encouragement à l'Institut, dans les chambres, de la part du gouvernement et de l'opinion publique.

IMPRIMERIE DE FIRMIN DIDOT FRÈRES,
RUE JACOB, N° 56.